ʾas Neue Berlin, Berlin

ʾem, Polen

ʾ des Verlags Das Neue Berlin
ʾl Verlagsgruppe.

ʾe.de

Das Buch

Etwa eine Viertelmillion Menschen erhielten seit 1951 das Bundesverdienstkreuz. Es wird in verschiedenen Stufen verliehen, die höchsten gingen nur an die Allerhöchsten. Unter diesen waren in der Vergangenheit Altnazis und Diktatoren, Unterdrücker und Ausbeuter und üble Potentaten. Das führte dazu, das andere die Auszeichnung ausschlugen oder zurückgaben. Exemplarisch führt der Autor einige Personen an, die zeigen, mit welchen Intentionen in der Bundesrepublik Personen gewürdigt wurden. Es waren wahrlich nicht immer die Lautersten und Ehrlichsten, die offiziell bekränzt und dekoriert wurden. Konservative und Gottgläubige, Antikommunisten und Angepasste, Staatsdiener und Unternehmer wurden, studiert man die Listen, bevorzugt. Aber überrascht das? Orden und Vergabepraxis verraten viel über den Charakter einer Gesellschaft.

Der Autor

Konstantin Brandt, Jahrgang 1947, geboren und aufgewachsen in Berlin. Nach dem Abitur 1965 hauptamtliche Tätigkeit in der FDJ-Bezirksleitung Berlin, später Jugendfunktionär in den bewaffneten Organen. Von 1990 bis 1998 Leiter einer Buchgroßhandlung in Schwerin, von 1998 bis 2000 Mitglied des Landesvorstandes der PDS von Mecklenburg-Vorpommern, danach bis 2004 Jugend- und Sozialarbeit beim Arbeiter-Samariter-Bund in Crivitz. Anschließend Tätigkeit im Bereich Öffentlichkeitsarbeit der Tageszeitung Neues Deutschland *in Berlin.*

Kons

Ehre

Träger d
und ihr

ISBN 978-3-360-02088-8

Umschlaggestaltung: Verlag
Druck und Bindung: Prosy

Die Bücher von spotless un
erscheinen in der Eulenspie

www.eulenspiegel-verlagsgru

Prolog

Schon die alten Ägypter schmückten sich mit Orden. Es ist also keine Erfindung der Neuzeit, sich Ehrenzeichen ans Jackett oder die Uniform heften zu lassen. Die Obrigkeit war stets darauf bedacht, Treue und Loyalität sichtbar zu honorieren, wodurch der Ehrgeiz geweckt wurde, sich mit besonderen Leistungen hervorzutun und auf diese Weise würdigen zu lassen.

Der Pharao vergab zur Belohnung Ehrengold, das am Arm oder am Hals getragen wurde. Die Griechen verliehen goldenen Lorbeer nicht nur an Sieger olympischer Wettkämpfe. Auch Nichtsportler wurden auf solche oder ähnliche Weise geehrt, was Aristoteles zu der kritischen Bemerkung veranlasste, dass man es besser lassen solle, denn das könne Neid und Verleumdung nach sich ziehen und Streit provozieren, der die Grundlagen des Gemeinwesens erschütterte.

Damit hatte der Gelehrte die provozierte Missgunst bereits als den gefährlichen Keim freigelegt. Missgunst bedeutete nicht nur, dass dem Ausgezeichneten die Prämie aus niederen Beweggründen von anderen nicht gegönnt wurde: Es konnte ja auch sein, dass es nachweisbar den Falschen getroffen hatte. Und Ungerechtigkeit war schon damals aller Händel Anfang.

Später kamen die Ritterorden, die das Schmuckwerk bereits im Namen führten, weshalb einige Historiker meinen, dass allein deshalb den Kreuzfahrern und Eroberern slawischer Territorien die Urheberschaft zuerkannt werden sollte. Sie seien die eigentlichen Stammväter des Ordenswesens, dass sich in den folgenden Jahrhunderten inflationär entwickelte. Es gab geistliche, also kirchliche, und weltliche Orden und sogenannte Haus- und Hoforden, die die feudalen Potentaten sich und ihren Hofschranzen verliehen. Denen gesellten sich bald Verdienstorden und militärische Auszeichnungen hinzu, diverse Ehrenzeichen sowie Tapferkeits-, Erinnerungs- und Verdienstmedaillen fürs Fußvolk im Kriege. 1813 kannte Preußenkönig Friedrich Wilhelm III. keine Niederen und Höheren im Heer mehr und stiftete das Eiserne Kreuz, das unabhängig von sozialer Herkunft, Konfession, Rang oder Stand verliehen wurde. Es stellte eine einheitliche Auszeichnung für Offiziere, Unteroffiziere und Mannschaftsdienstgrade dar, die die »Gemeinschaft im Felde« symbolisieren sollte. Im Kampf gegen Napoleon war der Aristokratie eben jedes Mittel recht.

Die Novemberrevolution 1918 und die aus ihr hervorgegangene Weimarer Republik machten mit dem Ordensunwesen Schluss, zu viele Kreuze waren während des Krieges aufs Volk herniedergegangen. Gemäß Artikel 109 der Weimarer Reichsverfassung vom 11. August 1919 durfte der Staat fortan keine Orden und Ehrenzeichen mehr verleihen, die Annahme von Titeln oder Medaillen anderer Staaten war Deutschen ebenfalls untersagt. Aber kein deutsches Gesetz ohne Ausnahme: Bereits verliehene Orden durften weiter tapfer getragen werden. Wer bis zur Kapitulation in Versaille sein Eisernes Kreuz zwar erhalten, aber aufgrund der Umstände nicht an den Uniformrock geheftet bekommen hatte, dem durfte das EK bis 1925 »nachverliehen« werden.

Die Nazis machten auch auf diesem Felde Tabula rasa: Bereits am 7. April 1933 erließen sie das »Gesetz über Titel, Orden und Ehrenzeichen«, was zwingend dazu führte, dass die vier Mächte der Antihitlerkoalition mit dem Kontrollratsgesetz Nr. 8 vom 30. November 1945 das Tragen, Verleihen und Annehmen militärischer und ziviler Orden, Ehrenzeichen und Auszeichnungen jeder Art untersagten.

Das Trageverbot für sämtliche Orden, Ehrenzeichen, Abzeichen und Rangabzeichen der Wehrmacht, der NSDAP sowie aller angegliederten oder unterstellten Nazi-Organisationen galt allerdings uneingeschränkt weiter, als am 21. September 1949 die Westalliierten die Beschränkungen für die Stiftung und Verleihung neuer Auszeichnungen aufhoben: für die Bundesrepublik Deutschland, die nämlich soeben gegründet worden war. In der DDR, das sei nur der Vollständigkeit halber erwähnt, entstand ebenfalls ein Auszeichnungswesen, das sich – wie vieles in der zweiten deutschen Republik – am sowjetischen Vorbild orientierte.

Zum 2. Jahrestag der Gründung der BRD stifteten der Bundespräsident, der Bundeskanzler und der Bundesinnenminister den »Verdienstorden der Bundesrepublik Deutschland«. In dem von ihnen am 7. September 1951 unterzeichneten Erlass hieß es, dass dies auf den »Wunsch« zurückgehe, »verdienten Männern und Frauen des deutschen Volkes und des Auslandes Anerkennung und Dank sichtbar zum Ausdruck zu bringen«.

Man sah zunächst sechs Katergorien vor: das Verdienstkreuz am Bande, das Verdienstkreuz als Steckkreuz (das später in 1. Klasse umbenannt wurde), das Große Verdienstkreuz, das Große Verdienstkreuz mit Stern, das Großkreuz mit Stern und Schulterband sowie das Großkreuz in besonderer Ausführung, dessen Verleihung sich der Bundespräsident selbst vorbehielt.

Die Auszeichnung – im christlich-abendländischen Deutschland hatte man's mit Kreuzen, ob nun aus Eisen oder Edelmetall – sollte laut Stiftungserlass verliehen werden »für Leistungen, die im Bereich der politischen, der wirtschaftlich-sozialen und der geistigen Arbeit dem Wiederaufbau des Vaterlandes dienten«, und, was nicht minder interessant ist für die Beurteilung der Geehrten und der Gründe, weshalb sie den Orden erhielten: Es »soll eine Auszeichnung all derer bedeuten, deren Wirken zum friedlichen Aufstieg der Bundesrepublik Deutschland beiträgt«.

Das ist ein Aussage, die man beim Lesen der Listen unbedingt im Hinterkopf haben muss.

Offenkundig inspiriert von der Praxis der DDR, in welcher vorrangig Arbeitstaten gewürdigt und ausgezeichnet wurden, fügte man 1952 den Kategorien eine besondere Ausführung des Verdienstkreuzes für Arbeiter und Angestellte, die 50 Jahre lang für denselben Dienstherrn gearbeitet hatten, hinzu. Die Verleihung dieses Kreuzes wurde jedoch 1966 bereits wieder eingestellt. Warum – ist nicht überliefert. Wer aber in jener Zeit diese Auszeichnung erhielt, hatte also treu und brav unter dem Kaiser, dem Reichspräsidenten, dem Führer und schließlich unter dem Bundespräsidenten gedient. Ein halbes Jahrhundert eben. Auch auf diese Weise wurde deutsche Tradition sichtbar.

Bis heute wurde das Bundesverdienstkreuz in seinen unterschiedlichen Formen (Verdienstmedaille, Verdienstkreuz, Großes Verdienstkreuz, Großkreuz) an mehr als eine Viertelmillion Menschen verliehen. Die Verleihung erfolgt durch den Bundespräsidenten, die Übergabe durch nachgeordnete Instanzen, selbst Bürgermeister sind dazu legitimiert. Bei Ausländern besorgen es meist die deutschen Botschafter, um die Reisespesen zu sparen.

Vorgeschlagen werden kann jeder, dazu muss man einen Antrag an die Staatskanzlei des jeweiligen Bundeslandes richten, nach positiver Prüfung wird dieser an die Ordenskanzlei im Bundespräsidialamt weitergeleitet.

Bei der Masse der Auszeichnungen muss man auch auf die Kosten achten. Darum wird der Orden maschinell aus einer Kupferlegierung gefertigt und lediglich hauchdünn mit Gold beschichtet.

Ach ja, die Quote. Frauen sind auch hier, wen überrascht es, in der Minderheit. Unter dem auszeichnungswütigen Bundespräsidenten Karl Carstens (1979-1984), der rund 6.000 Kreuze im Jahr verlieh, lag die Quote bei 14 Prozent. Horst Köhler verordnete 2006 eine Quote von 30 Prozent.

Und noch ein Ärgernis: In den 90er Jahren verabredeten die im Bundestag vertretenen Parteien, dass in jeder Legislaturperiode 30 Bundesverdienstkreuze an Bundestagsabgeordnete zu gehen haben, natürlich adäquat der Größe der Fraktionen und unabhängig von tatsächlichen Verdiensten der so Bedachten. Als das ruchbar wurde, schlug die Empörung über diese Anmaßung und Selbstbedienung sehr hoch. Aber es ist nicht bekannt, ob inzwischen mit dieser Praxis gebrochen wurde.

Bundespräsident Theodor Heuss begründete wortreich, weshalb er das Ordensverbot der Weimarer Republik und damit auch der Alliierten für falsch hielt. »Das Vertrauen darauf, dass die Menschen ihre Genugtuung allein in dem Bewusstsein finden, ihr Bestes für die Gemeinschaft geleistet zu haben, hat schon oft zu großen Enttäuschungen geführt. Sich die Möglichkeit zu schaffen, außergewöhnliche Leistungen für den Aufbau, die Festigung und den Fortschritt eines staatlichen Gemeinwesens durch eine Ordensauszeichnung anerkennen zu können, ist ein einfaches Gebot der Staatsraison. Staatliche Orden und Ehrenzeichen können dazu beitragen, ein integrierendes Band zwischen dem Staat und seinen Bürgern zu knüpfen, sie können somit die Staatsmoral stützen.«

Im Nachfolgenden schauen wir uns an, zu welchen Bürgern die Bundesrepublik Deutschland ein »integrierendes Band« meinte knüpfen zu müssen, wem sie glaubte, aus Gründen der Staatsraison ein Band um den Hals legen zu sollen. Die Auswahl kann nur punktuell sein, sie ist aber insofern repräsentativ, als sie ein Schlaglicht auf die politischen Intentionen und den Charakter dieser Republik wirft.

Konstantin Brandt
Berlin, im Sommer 2015

Was ist ein Orden?
Ein kostensparender Gegenstand, der es ermöglicht,
mit wenig Metall viel Eitelkeit zu befriedigen.

Aristide Briand,
nach der Verleihung des Friedensnobelpreises 1926

I. Großkreuz Sonderstufe

Verliehen an Staatsoberhäupter und ihre Ehepartner, höchste Form des Bundesverdienstkreuzes: achtspitziger Bruststern am Schulterband, Adler handgestickt

Juan Domingo Perón Sosa (1953)
geboren am 8. Oktober 1895 in Lobos
gestorben am 1. Juli 1974 in Olivos, Buenos Aires

Von 1936 bis 1939 Militärattaché Argentiniens im faschistischen Deutschland und Militärbeobachter in Mussolinis Italien. 1941 gründete er als Bewunderer des italienischen Faschismus mit anderen Offizieren in Argentinien die Geheimorganisation Grupo Oficiales Unidos (GOU).

Mit der GOU war er an jedem Putsch beteiligt und entwickelte Pläne, die zu einer Vormachtstellung Argentiniens in Südamerika führen sollten. Dabei konnte er auf eine Allianz mit Adolf Hitler und dessen Auslandsgeheimdienst, dem SD, bauen. Peróns Motto: »Hitlers Kampf im Frieden wie im Krieg wird unser Leitstern sein.«

Die Nürnberger Kriegsverbrecherprozesse waren für ihn eine »Ungeheuerlichkeit«, und er bewertete sie als »Infamie«.

In Argentinien kam es 1945 zu machtvollen antifaschistischen Demonstrationen. Im September forderten über 250.000 Argentinier in einem »Marsch für die Verfassung« die Absetzung General Peróns als Minister und den Kampf gegen Despotismus. Perón verhängte den

Ausnahmezustand und die Gefängnisse füllten sich mit Regimegegnern.

1946 wurde Perón Staatschef, 1951 im Amt bestätigt.

Marineoffiziere stürzten ihn im September 1955 und er floh ins Exil, bezeichnenderweise ist Peróns letzte Station ab 1958: das Spanien von Diktator Franco.

1953 erhielt er aus alter Verbundenheit das Großkreuz des Verdienstordens der Italienischen Republik und die Sonderstufe des Großkreuzes des Verdienstordens der Bundesrepublik Deutschland.

König Paul I. von Griechenland (1954)
geboren am 14. Dezember 1901 in Athen
gestorben am 6. März 1964 in Tatoi

1936, er war noch griechischer Kronprinz, empfing ihn der faschistische Reichskanzler Adolf Hitler in Berlin. Paul war der jüngste Sohn von Konstantin I. von Griechenland und Sophie von Preußen, Tochter des deutschen Kaisers Friedrich III.

1938 heiratete er Friederike von Hannover, eine Enkelin des von der Novemberrevolution gestürzten Kaisers Wilhelm II. und Mitglied des faschistischen Bundes deutscher Mädel (BDM), deren Uniform sie gern trug. Bei der Hochzeit am 9. Januar 1938 in Athen wehte auch die Hakenkreuzfahne.

Der erklärte Antikommunist Paul I. regierte von 1947 bis 1964. Zu Beginn seiner Regentschaft ließ er auf der Insel Leros ein Lager zur Umerziehung von zunächst 300 »verwilderten Partisanen« einrichten. Das Rezept war nach eigenen Worten sehr einfach. »Die griechische individualistische Psychologie steht in krassen Gegensatz zum totalen Kommunismus. Jeder Grieche, der Kommunist wird, trennt sich daher vom Geist der griechischen Rasse [...]. Wenn man die junge Generation nur unter gesunden moralischen und physischen Verhältnissen aufzieht, erkennt sie von selbst, dass der Kommunismus in seiner gegenwärtigen Form nichts als eine Tarnung des russischen imperialistischen Expansionismus darstellt.«

1954 verlieh ihm die Bundesrepublik für solchen Widerstandsgeist deren höchste Auszeichnung.

Aus Dankbarkeit lud er Bundespräsidenten Theodor Heuss im Mai 1956 zu einem Staatsbesuch nach Griechenland ein. Es war der erste Staatsbesuch eines BRD-Staatsoberhauptes überhaupt.

Konrad Adenauer (1954)
geboren am 5. Januar 1876 in Köln
gestorben am 19. April 1967 in Rhöndorf

Kein anderer Name eines bundesdeutschen Politikers ist so verbunden mit der Spaltung Deutschlands wie dieser. Sein politisches Credo war der Antikommunismus, ihn motivierte seine erzkatholische Ideologie. Er war Mitglied in verschiedenen konservativen katholischen Studentenverbänden, zuletzt Vizesenior der K.St.V. Arminia in KV zu Bonn. Bis 1933 war Adenauer auch Vizepräsident der Deutschen Kolonialgesellschaft des Deutschen Reiches und Oberbürgermeister in Köln. Es hieß, er sei wegen seiner Projekte und seines Gehaltes Deutschlands teuerstes Stadtoberhaupt.

Obwohl Mitglied der Zentrumspartei, war er der NSDAP schon vor 1933 zugetan. Er behandelte sie durchaus immer »korrekt« und gestattete auch das Hissen der Fahnen der NSDAP auf städtischen Sportanlagen, wenngleich er es auf Rheinbrücken untersagte – was die Nazis sich merkten und ihn nach ihrer Machtübernahme aus dem Amt drängten, obwohl er sich 1932 für die NSDAP als Regierungspartei eingesetzt hatte. Hitler als Retter gegen den Kommunismus schien ihm akzeptabel.

Nach 1945 setzten die US-Amerikaner Adenauer als Oberbürgermeister von Köln ein, die britischen Besatzer entließen ihn aber wieder wegen Unfähigkeit. Er gehörte zu den Mitbegründer der CDU in der britischen Besatzungszone. Mit Hilfe alter Verbindungen machte er politische Karriere.

Am 15. September 1949 wurde er mit einer Stimme Mehrheit, seiner eigenen, erster Bundeskanzler der BRD. Er galt als »Bundeskanzler der Alliierten«.

Schon 1949 drängte er auf Wiederbewaffnung der BRD, die er auch durchsetzte. 1957 plante er gemeinsam mit Frankreich und Italien den Bau einer Atombombe. Die strikte Ablehnung der »Stalin-Note« 1952 zur Wiedervereinigung geht auf sein Konto.

In seiner Amtszeit als Kanzler (von 1949 bis 1964) wurde die »Hallstein-Doktrin« zum Gesetz über den Alleinvertretungsanspruch der BRD für das »ganze Deutschland«, also auch für die souveräne DDR.

Zur Entnazifizierung sagte er im Oktober 1952 im Deutschen Bundestag: »Wir sollten jetzt mit der Naziriecherei einmal Schluss machen, denn, verlassen Sie sich darauf, wenn wir damit anfangen, weiß man nicht, wo es aufhört.«

Er selber ging mit gutem Beispiel voran. Der Kommentator der Nürnberger Rassegesetze der Faschisten, Hans Globke, wurde 1953 Leiter des Bundeskanzleramtes und intimster Ratgeber von Adenauer. Reinhard Gehlen wurde beauftragt mit dem Aufbau des Geheimdienstes. Als General der Fremde Heere Ost hatte er bereits Erfahrung im Kampf gegen den Kommunismus gesammelt. Aus der »Organisation Gehlen« wurde schließlich der Bundesnachrichtendienst, durchsetzt mit Altnazis.

Adenauer setzte sich gleich nach seiner Amtsübernahme für viele Revisionen der Kriegsverbrecherprozesse, ein Straffreiheitsgesetz für Nazi- und Kriegsverbrecher und für die Beibehaltung von Gesetzen aus der faschistische Zeit ein.

In seinem Leben wurde er mit Orden und Ehrenzeichen überschüttet. Bereits 1918 erhielt er das Eiserne Kreuz am Weißen Bande.

Im Januar 1954 erhielt er als Erster das Großkreuz in besonderer Ausführung des Verdienstordens der BRD.

Mohammad Reza Pahlavi (1955)
geboren am 26. Oktober 1919 in Teheran
gestorben am 27. Juli 1980 in Kairo

In die Zeit seiner Regenschaft als Schah von Persien (1941 bis 1979) fällt das Verbot der kommunistischen Tudeh-Partei (1949). Seine dikatorische, undemokratische Politik war geprägt durch die Nähe zu den USA und durch einen militanten Antikommunismus. Er verstand den Iran als Bollwerk gegen den Kommunismus.

Er gründete 1957 den Inlandgeheimdienst SAVAK, der nahezu alle Oppositionsgruppen im Iran infiltrierte. Tausende linke, islamistische und marxistische Regimekritiker wurden verhaftet, verhört, gefoltert und mitunter auch hingerichtet.

Er selbst bezeichnete Zeitungsberichte über Folter und Mord an Regimegegner als Lügen.

1959 kündigte der Iran den seit 1921 mit der Sowjetunion bestehenden Freundschaftspakt auf und trat dem westlichen Militärpakt CENTO bei. In den 60er Jahren erfolgte eine starke Annäherung an die USA und deren Engagement im Iran.

1967 besuchte der Schah Westberlin. Bei den Protestdemonstrationen kam es zu Zusammenstößen. Dabei wurde der Student Benno Ohnesorg erschossen.

Nach einem Massaker auf dem Dschaleh-Platz in Teheran, wo tausende Regimegegner vom Militär des Schahs getötet wurden, versagten auch die getreuesten Verbündeten die weitere Unterstützung.

Am 16. Januar 1979 floh der Schah in die USA. Er starb in einem Militärkrankenhaus in Kairo an Krebs.

Als Dank für seinen Kampf gegen den Kommunismus erhielt er 1955 das Großkreuz Sonderstufe.

Rafael Leónidas Trujillo Molina (1955)
geboren am 24. Oktober 1891 in San Cristobal
gestorben am 30. Mai 1961 in Santo Domingo

Bereits mit 16 Jahren begann der nachmalige dominikanische Diktator seine kriminelle Karriere. Mit 26 Jahren führte er dann eine gewalttätige Bande namens La 44.

Mit der Okkupation des Landes durch die USA verschrieb er sich der militärischen Laufbahn, wo er innerhalb von fünf Jahren zum General befördert wurde. Mit Unterstützung der US-Amerikaner putschte er 1930 gegen den amtierenden Präsidenten Horacio Vásquez. Den neuen, Rafael Estrella Ureña, entmachtete er nach wenigen Monaten und rief sich selbst zum Präsidenten aus. Er verbot in der Folgezeit alle politischen Parteien und Organisationen außer seiner eigenen, der Partido Dominicano. Mit ihrer Hilfe unterdrückte er jegliche Opposition. Seine Gegner und oft auch deren Familien verfolgte er mit brutaler Härte und ließ viele umbringen.

1937 wurden auf seinen Befehl über 25.000 schwarze Zuckerrohrarbeiter aus Haiti ermordet. Seine Gönner waren die USA und die katholische Kirche. Seine Familie und seine korrupten Vertrauten besaßen im Jahre 1947 fast die gesamte Wirtschaft, die Banken und auch die Medien der Dominikanischen Republik. Nach einem tötlichen Attentat am 30. Mai 1961 übernahm sein ältester Sohn Hector Bienvenido Trujillo Molina die Macht und richtete eigenhändig viele der Attentäter hin.

Rafael Leónidas Trujillo Molina erhielt das Großkreuz der BRD im Jahre 1955.

Fulgencio Batista (1957)
geboren am 16. Januar 1901 in Banes
gestorben am 6. August 1973 in Marbella

Der Name des Diktators Batista, seit 1952 Staatspräsident auf Kuba, ist eng verbunden mit der erfolgreichen Revolution und ihrem Führer Fidel Castro. Unbedingtes Machtstreben war Batistas Markenzeichen. Schon als Unteroffizier gelang es ihm, das Offizierskorps zu entmachten. Seine Rolle als Präsidentenmacher konnte er nur mit Hilfe der USA und deren Geheimdienst erfolgreich umsetzen.

Nach seinem zwischenzeitlichen Aufenthalt in Florida kehrte er 1948 als Senator und Vertrauter der US-amerikanischen Mafiosi nach Kuba zurück.

Er entwickelte Havanna zum El Dorado des Glücksspiels und der gesamten Vergnügungsbranche für die Touristen aus den USA. Unter Batista und seinem allmächtigen Geheimdienst wurden mehr als 20.000 Kubaner verhaftet, gefoltert und ermordet. Bilder von jubelnden Batistaanhängern, die aus Lastkraftwagen ermordete Menschen warfen, gingen um die Welt.

Nach dem erfolgreichen Kampf der Revolutionäre floh der Diktator am 1. Januar 1959 mit einigen Vertrauten in die Dominikanische Republik. Mit seinen vom kubanischen Volk geraubten 40 Millionen Dollar war er in Portugal und Spanien ein gern gesehener Exilgast.

Batista erhielt 1957 die höchste Auszeichnung der BRD, Fidel Castro blieb von derlei Ehrung bis heute verschont.

Heinrich Lübke (1959 von amtswegen)
geboren am 14. Oktober 1894 in Enkhausen
gestorben am 6. April 1972 in Bonn

Heinrich Lübke war der zweite Bundespräsident, er amtierte von 1959 bis 1969, im Adenauer-Kabinett II und III war er zuvor sechs Jahre lang Bundesminister für Ernährung, Landwirtschaft und Forsten gewesen. Am Ende holte ihn seine Vergangenheit als sogenannter KZ-Baumeister ein

Lübke war als Kriegsfreiwilliger in den Ersten Weltkrieg gezogen und verdiente sich das Eiserne Kreuz I. und II. Klasse.

Von 1939 bis 1945 arbeitete der Reserveoffizier Lübke als Vermessungsingenieur und Bauleiter beim Architektur- und Ingenieurbüro Walter Schlempp. Dieses unterstand Albert Speer, der später Rüstungsminister wurde und maßgeblich den Ausbau des KZ Auschwitz zum Arbeitskräftereservoir für die gesamte deutsche Rüstungswirtschaft vorantrieb.

In der Heeresversuchsanstalt Peenemünde, in der Massenvernichtunsgwaffen V1 und V2 entwickelt und erprobt wurden, war Lübke Bauleiter. Von 1943 bis Kriegsende war er dort nachweislich verantwortlich für den Einsatz von KZ-Häftlingen. Das leugnete er später.

Im Rahmen des sogenannten Jägerprogramms war er ab Mai 1944 maßgeblich beteiligt an der Dezentralisation und der Verlagerung der Produktion untertage. In stillgelegten Bergwerkschächten bei Bernburg und Neu-Staßfurt wurden etwa 2.000 Häftlinge aus Außenlagern des KZ Buchenwald bei Transport- und Betonierungsarbeiten eingesetzt. Ein Teil der Häftlinge vegetierte monatelang in einem Schacht in 420 Metern Tiefe. 1944 wurde Lübke mit dem Aufbau des Konzentrationslagers Leau, einem Außenlager des KZ Buchenwald, eine besonders wichtige und äußerst geheime Aufgabe übertragen. Diese Tatsachen wurden 1965 im »Braunbuch – Kriegs- und Naziverbrecher in der Bundesrepublik« publiziert. Die Bundesrepublik unterstellte der DDR Verfälschung und Manipulation, das Buch wurde auf der Frankfurter Buchmesse beschlagnahmt.

Seit 1940 war Lübke nachweislich auch Vertrauter der Gestapo.

Erst nach seinem Tode wurde Lübkes braune Vergangenheit, für die die Bezeichnung »Verstrickung« zu harmlos war, eingeräumt. Ein Altnazi hatte zehn Jahre lang das höchste Amt im Staate Bundesrepublik Deutschland inne.

1957 war Lübke als Minister das Großkreuz des Bundesverdienstordens überreicht worden, bei Amtsantritt als Bundespräsident 1959 erhielt er die Sonderstufe des Großkreuzes.

Helmut Kohl (1998)

geboren am 3.April 1930 in Ludwigshafen

Helmut Kohl war von 1982 bis 1998 Bundeskanzler der Bundesrepublik Deutschland, seit 1973 führte er 26 Jahre lang auch die CDU. Kohl wurde als »Kanzler der Einheit« etikettiert, weil er maßgeblich an der Übernahme der DDR und Herstellung der staatlichen Einheit 1989/90 beteiligt war.

Kohl war Mitglied der Hitlerjugend, sein Bruder Walter starb als Soldat der Hitlerwehrmacht 1944. Sein Aufstieg in der CDU verlief ohne Umwege. Sein persönlicher Förderer war der Industrielle Fritz Ries, der sein Vermögen im faschistischen Deutschland mit sogenannten arisierten Betrieben gemacht hatte. Ries, 1967 mit dem Großen Bundesverdienstkreuz ausgezeichnet, war zudem der Schwiegervater von Kurz Biedenkopf, nach 1990 Ministerpräsident des Freistaates Sachsen.

Kohl setzte als Bundeskanzler den sogenannten NATO-Doppelbeschluss durch, der die Kriegsgefahr in Europa dramatisch erhöhte. Am 5. Mai 1985 besucht er gemeinsam mit dem US-Präsident Ronald Reagan den Soldatenfriedhof in Bitburg, wo auch Angehörige der verbrecherischen Waffen-SS begraben sind. Das führte zu internationalen Protesten.

Nach der Abwahl der Regierungskoalition aus CDU/CSU/FDP 1998 wurde bekannt, dass Dr. Helmut Kohl als CDU-Vorsitzender Parteispenden in Höhe von 2,1 Millionen DM vereinnahmt hatte, ohne diese – wie es gesetzlich vorgeschrieben ist – zu deklarieren. Kohl berief sich auf sein Ehrenwort, dass er den namenlosen Spendern gegeben hatte, und machte damit deutlich, dass er auf Recht und Gesetz pfiff. Diese Haltung kostete ihn den Parteivorsitz und schließlich auch den Ehrenvorsitz in der CDU.

Ein Ermittlungsverfahren wegen Verdachts der Untreue zum Nachteil der CDU wurde 2001 gegen Zahlung eines Bußgeldes in Höhe von 300.000 DM eingestellt.

1996 gründete er gemeinsam mit den »Bürgerrechtlern« Bärbel Bohley, Jürgen Fuchs u. a. das Bürgerbüro Berlin, 2003 gehörte er zu den Gründungsmitgliedern des Fördervereins Gedenkstätte Berlin-Hohenschönhausen.

Nach Konrad Adenauer erhielt Helmut Kohl 1998 als zweite Person das Großkreuz Sonderstufe in besonderer Ausführung verliehen.

Michail Sergejewitsch Gorbatschow (1999)
geboren am 2. März 1931 in Priwolnoje

Der ehemalige sowjetische Staats- und Parteichef erhielt in seinem Leben viele Ehrungen, darunter drei Mal der Leninorden und der Orden der Oktoberrevolution, 1990 bekam er den Friedensnobelpreis und 2001 die Goldene Henne.

Gorbatschow wurde 1985 als Generalsekretär an die Spitze der KPdSU gestellt. Er nahm die seit Jahrzehnten notwendigen Reformen der Sowjetgesellschaft endlich in Angriff. Allerdings verfügte er über kein tragfähiges Konzept, sein Programm von »Perestroika« und »Glasnost« beschleunigte nur noch den Niedergang des Sozialismus. Nach dem Untergang des gescheiterten Sowjetmodells erklärte Gorbatschow, das eben dies seine Absicht gewesen sei: Er habe den Kommunismus überwinden wollen.

Seine objektive Totengräberrolle wurde ihm im Westen vielfach honoriert, denn was Hitlerdeutschland 1941 nicht gelungen war, geschah nun ganz ohne den Einsatz von Waffen: Allein das maßlose Wettrüsten hatte das Land ruiniert, mit dem Ende der UdSSR 1991 war ein Sechstel der Erde wieder zum Plündern freigegeben.

Die deutsche Wirtschaft partizipierte damals daran (auch wenn sie durch den neuerlichen Kalten Krieg mit Russland diesen Vorteil bereits wieder verspielt hat). 1999 erhielt Gorbatschow dafür die Sonderstufe des Großkreuzes.

Vaclav Havel (2000)

geboren am 5. Oktober 1936 in Prag
gestorben am 18. Dezember 2011 in Vlcice-Hradecek

Vaclav Havel, ein Schriftsteller und Theaterautor, gehörte zu den Intellektuellen, die sich 1968 in der Tschechoslowakei für einen »Sozialismus mit menschlichem Antlitz« engagierten. Selbst wenn dies mit subjektiv ehrlicher Leidenschaft und viel Idealismus geschah, arbeiteten sie damit objektiv dem Westen zu. Es herrschte Kalter Krieg, und in Fernost versuchten die USA seit Jahren, Vietnam in die Steinzeit zurückzubomben. Alle Unternehmungen, den Status quo in Europa zu verändern, bedeuteten zwangsläufig eine Erhöhung der Kriegsgefahr. Entsprechend hart fiel die Reaktion der Verbündeten aus, die das befürchtete Herausbrechen der CSSR aus dem östlichen Bündnis unterband.

Vaclav Havel gehörte später zu den Initiatoren der »Charta 77«, mit der auf die Veränderung bestehender Verhältnisse gedrängt wurde. Dabei erfuhren die Dissidenten auch nachrichtendienstliche Hilfe aus dem Westen. Havel wurde drei Mal verhaftet und insgesamt zu fünf Jahren Gefängnis verurteilt, ihm wurde ein Publikationsverbot erteilt.

Im Herbst 1989 war er einer der Führer der »Samtenen Revolution«. In deren Folge zerfiel die Tschechoslowakei als Staatsverband und der Kapitalismus wurde im Lande restauriert. Havel war von 1993 bis 2003 Präsident der Tschechischen Republik, in dieser Zeit wurde das Land Mitglied der EU und der NATO.

2000 verlieh ihm die Bundesrepublik das Großkreuz Sonderstufe des Verdienstordens der Bundesrepublik Deutschland.

Joachim Gauck (2012 von amtswegen)
geboren am 24. Januar 1940 in Rostock

Joachim Gauck, ein Pfarrer aus der DDR, ist seit 2012 Bundespräsident und damit das elfte Staatsoberhaupt der Bundesrepublik Deutschland. Er war die Notlösung, nachdem seine beiden Vorgänger Köhler und Wulff aus dem Amt gedrängt worden waren und zurücktreten mussten.

Gaucks Eltern gehörten der NSDAP an, sein Vater war Offizier der faschistischen Kriegsmarine und unterrichtete bis zum Kriegsende an der Marinekriegsschule in Flensburg den Offiziersnachwuchs. Nach der britischen Kriegsgefangenenschaft arbeitete Wilhelm Gauck als Arbeitsschutzinspektor auf der Rostocker Neptun-Werft. Anfang der 50er Jahre wurde er von der sowjetischen Besatzungsmacht festgenommen, nach vier Jahren Lagerhaft kehrte er 1955 nach Rostock zurück. Gauck kommentierte später, er sei »mit einem gut begründeten Antikommunismus aufgewachsen«.

Nach einem Theologiestudium in Rostock übernahm Gauck eine Pfarrstelle in Lüssow, zwischen 1982 und 1990 leitete er die Kirchentagsarbeit in Mecklenburg. Im SED-Zentralorgan *Neues Deutschland* vom 20. Juni 1988 hieß es auf der zweiten Seite: »Der Vorsitzende des Landesausschusses der Landeskirche Mecklenburgs, Joachim Gauck, dankte den staatlichen Organen für die großzügige Unterstützung des Kirchentages und sprach sich für ein engagiertes Wirken der Christen in der Gesellschaft aus.«

Als »Bürgerrechtler« trat er sehr spät in Erscheinung. Sein Amtsbruder Hans-Joachim Tschiche, tatsächlicher DDR-Oppositioneller, schrieb 2012 in der *Süddeutschen Zeitung*: »Er sprang erst später auf den fahrenden Zug auf. Wenn ich heute die veröffentlichte Meinung wahrnehme, wird er immer als Lokomotivführer der Oppositionsbewegung beschrieben.« Und Heiko Lietz, wie Tschiche Mitbegründer des Neuen Forum, erklärte, Gauck sei nicht dabei gewesen, als sich die Opposition landesweit vernetzte, er sei erst spät aufgetaucht und habe sich nach Berlin wählen lassen, »als der Zug schon längst abgefahren und das Tor weit auf war«.

Auf der letzten Volkskammersitzung am 28. September 1990 berief man ihn zum »Sonderbeauftragten für die personenbezogenen Unterlagen des ehemaligen Staatssicherheitsdienstes der DDR«, eine Woche später zum »Sonderbeauftragten der Bundesregierung für die personenbezogenen Unterlagen des ehemaligen Staatssicherheitsdienstes«. Seit dem 2. Januar 1992 nannte er sich »Bundesbeauftragter für die Unterlagen des Staatssicherheitsdienstes der ehemaligen DDR« und die von ihm bis 2000 geführte Einrichtung BStU oder »Gauck-Behörde«. Für diese Tätigkeit bekam er 1995 das Bundesverdienstkreuz 1. Klasse verliehen.

Nach seinem Ausscheiden engagierte er sich in verschiedenen antikommunistischen Vereinen und als Referent, so unter anderem beim Studienzentrum Weikersheim, das von dem Nazirichter Filbinger gegründet worden war, nachdem man ihn wegen dessen brauner Vergangenheit als Ministerpräsident aus dem Amt gejagt hatte.

2010 nominierten SPD und Grüne Gauck als Kandidaten für die Bundespräsidentenwahl. Er unterlag Christian Wulff im dritten Wahlgang.

Gauck ist seit 1959 mit Gerhild Gauck verheiratet, war von 1990 bis 1998 mit der Journalistin Helga Hirsch liiert und lebt heute mit der Journalistin Daniela Schadt im Schloss Bellevue. 2000 erhielt er das Große Verdienstkreuz mit Stern des Verdienstordens der Bundesrepublik Deutschland und bei seinem Amtsantritt 2012 die Sonderstufe des Großkreuzes des Verdienstordens.

II. Großkreuz des Verdienstordens

Paul Löbe (1951)
geboren am 14. Dezember 1875 in Liegnitz
gestorben am 3. August 1967 in Bonn

Der Sozialdemokrat gehörte von 1920 bis 1933 dem Reichstag an, seine Partei schlug ihn nach dem Tod Eberts 1925 als Reichspräsident vor, was er ablehnte. Nach der faschistischen Machtübernahme verblieb er in Berlin und forderte alle noch übrigen jüdischen Mitglieder des neugebildeten Vorstandes der SPD in Deutschland zum Rücktritt auf, um »Schaden von der Partei« abzuwenden. Unter seiner Leitung stimmte die sozialdemokratische Reichstagsfraktion am 17. Mai 1933 auch der faschistischen Außenpolitik zu. Kurzzeitig wurde er von der Nazi-Justiz inhaftiert, erhielt aber später eine Pension von 600 Reichsmark.

Nach dem Krieg war Löbe maßgeblich am Wiederaufbau der SPD beteiligt. Als Mitglied des Berliner Zentralausschusses lehnte er vehement eine Vereinigung mit der KPD ab.

1948/49 gehörte er dem Parlamentarischen Rat an, der die politische Teilung Deutschlands beschloss. Als erster Alterspräsident eröffnete er den 1. Bundestag in Bonn. 1954 wurde Löbe Vorsitzender des revanchistischen »Kuratoriums Unteilbares Deutschland.

1951 erhielt er das Großkreuz des Verdienstordens der Bundesrepublik Deutschland.

Hans Josef Maria Globke (1963)
geboren am 10. September 1898 in Düsseldorf
gestorben am 13. Februar 1973 in Bonn

Globke, berüchtigt als Kommentator der faschistischen »Nürnberger Rassegesetze«, diente als Beamter im Innenministerium treu unter Reichskanzler Hitler, und in den 50er Jahren tat er dies unter Bundeskanzler Adenauer. Als Staatssekretär im Bundeskanzleramt war er die Graue Eminenz in der westdeutschen Machtzentrale. Globke gilt als eines der typischen Beispiele für die personelle Kontinuität zwischen der Nazi-Diktatur und der Bundesrepublik, was nicht überrascht: Es handelte sich um Staatswesen, die auf der gleichen ökonomische Grundlage beruhen. Beide sind spezielle Ausformungen der bürgerlich-kapitalistischen Ordnung.

Globke war Sohn eines Tuchgroßhändlers und zog mit 18 die Uniform an, er schoss unter dem Kaiser bis zum Ende des Weltkrieges an der Westfront.

Danach studierte Globke Jura, trat 1926 in den preußischen Staatsdienst ein und sorgte bereits in der Endphase der Weimarer Republik mit einer Verordnung und einem Runderlass für die Diskriminierung von Juden: Diesen wurde es unmöglich gemacht, ihren jüdisch klingenden Namen abzulegen. Die Verordnung war die Vorstufe zu den namensrechtlichen Diskriminierungen in der Nazidiktatur.

In Ergänzung des faschistischen Ermächtigungsgesetzes vom 24. März 1933 verfasste Globke das »Gesetz zur Behebung der Not von Volk und Land«, ferner ein Gesetz zur Auflösung des preußischen Staatsrates und das preußische Provinzialgesetz, mit dem alle parlamentarischen Körperschaften Preußens gleichgeschaltet wurden. Globke war nicht nur ein williger, sondern auch ein aktiver Vollstrecker.

Er war es, der die zwangsweise Kenntlichmachung der Juden mit den zusätzlichen Vornamen »Sara« und »Israel« einführte.

Allerdings beschränkte sich Globkes antisemitisches Wirken nicht nur auf das Verfassen von Verordnungen, Erlassen, Gesetzen und deren Auslegung. Wie nach dem Krieg bekannt wurde, war er möglicherweise für die Deportation von 20.000 Juden aus Nordgriechenland nach Auschwitz mitverantwortlich. Im Eichmann-Prozess in Israel zu Beginn der 60er Jahre unternahm Bonn alles, damit Globke weder als Zeuge geladen wurde noch überhaupt namentlich Erwähnung fand. Mit Verweis auf das »Wiedergutmachtungsabkommen« von 1952 zwischen der BRD und Israel wurde dem Bonner Begehren nachgegeben. »In einem Schreiben vom 16. März 1962 wendet sich BND-Chef Reinhard Gehlen unter dem Betreff ›Beabsichtigte Namhaftmachung Staatssekretärs Globke als Zeuge in der Berufungsverhandlung gegen A. Eichmann‹ an ebendiesen Globke, um ihm mitzuteilen, dass der Prozess den geplanten harmlosen Verlauf nehme: ›Entsprechende Maßnahmen sind eingeleitet.‹ Dank Gehlens Intervention werde, heißt es in dem Schreiben, ›die israelische Verhandlungsleitung in der bisherigen Weise‹ verfahren und ›eine Ausweitung zu verhindern‹ trachten«, schrieb die *Süddeutsche Zeitung* am 29. März 2011.

Beweise über Globkes Täterschaft aus der DDR – dort hatte es 1963 ein Verfahren vor dem Obersten Gericht gegeben – wurden als »Propaganda« abgetan.

1963 wurde Hans Josef Maria Globke mit dem Großkreuz des Verdienstordens der Bundesrepublik Deutschland ausgezeichnet.

Nach seiner Pensionierung wollte er sich in der Schweiz niederlassen. Die Schweizer Regierung erklärte ihn zu einem unerwünschten Ausländer und erteilte ihm ein Einreiseverbot.

Lucius D. Clay (1965)
geboren am 23. April 1897 in Marietta
gestorben am 16. April 1978 in Chatham

Der US-General Clay wurde bekannt als Militärgouverneur in der amerikanischen Besatzungszone zwischen 1947 und 1949. In diese Zeit fielen die Währungsreform und die sogenannte Luftbrücke nach Westberlin. Er trug also maßgeblich Mitverantwortung an der Teilung Deutschlands.

Der Senatorensohn aus Georgia absolvierte die Militärakademie in West Point und war bei der Errichtung der Zweiten Front der Antihitlerkoalition stellvertretender Stabschef von Dwigt D. Eisenhower. Nach der bedingungslosen Kapitulation des Nazireiches wurde er zunächst Vizegouverneur, dann Zonen-Chef. Er forcierte die Bildung der Bi-Zone, die ein erster Schritt auf dem Wege zu einem westdeutschen Separatstaat war.

Clay war ein Kalter Krieger, mithilfe der BRD-Propaganda, insbesondere aber durch die Springer-Presse, wurde er zum Mythos aufgeblasen. Kennedy, der nicht bereit war, wegen Westberlin einen Krieg zu riskieren, reagierte psychologisch geschickt: Er reaktivierte Clay, den »Vater der Luftbrücke«, nach dem Bau der Mauer und machte ihn zu seinem »persönlichen Vertreter in Berlin«. Ein wohlfeiles Amt ohne jede politische Bedeutung.

1965 erhielt Clay das Großkreuz des Verdienstordens der BRD.

Hans Karl Filbinger

geboren am 15. September 1913 in Mannheim
gestorben am 1. April 2007 in Freiburg im Breisgau

Im Jahr des Machtantritts der Nazis, 1933, begann der Sohn eines Bankangestellten ein Jura-Studium und trat dem »Nationalsozialistischen Deutschen Studentenbund« (NSDStB) und dem Wehrsportverband der Freiburger Universität bei, die 1934 in die SA überführt wurde. 1937 schloss er sich der NSDAP und dem NS-Rechtswahrerbund an. Filbinger ging 1940 zur Kriegsmarine und schloss 1943 einen Offizierslehrgang ab. Von März 1943 bis zum Beginn einer britischen Kriegsgefangenschaft und darüber hinaus arbeitete er als Marinerichter. Die Briten ließen ihn bis Februar 1946 urteilen.

Nachweislich war Filbinger in der Nazizeit an 234 Marinestrafverfahren (169 davon als Vorsitzender und 63 als Ankläger) beteiligt. In vier Fällen sprach er die Todesstrafe aus, zweimal wurde diese auch vollstreckt.

Diese faschistische Vergangenheit wurde in den 70er Jahren von Rolf Hochhuth publik gemacht, der ihn einen »furchtbaren Juristen« nannte. Filbingers Rechtfertigungsversuche (»Was damals rechtens war, kann heute nicht Unrecht sein«) führten zu einer derartigen Empörung, dass er 1978 als Ministerpräsident von Baden-Württemberg, der er seit 1966 war, zurücktreten musste.

Der CDU-Politiker Filbinger war ein erklärter Gegner der Entspannungspolitik unter dem Antifaschisten Willy Brandt, er lehnte den Grundlagenvertrag zwischen der BRD und der DDR wie auch die Anerkennung der Oder-Neiße-Grenze mit Polen ab.

Die Bundesrepublik ehrte ihn mit dem Großen Verdienstkreuz mit Stern am Schulterband und dem Großkreuz des Verdienstordens der Bundesrepublik Deutschland.

Hermann Josef Abs (1988)
geboren am 15. Oktober 1901 in Bonn
gestorben am 5. Februar 1994 in Bad Soden

Abs war seit 1937 im Vorstand der Deutschen Bank, von 1957 bis 1967 war er deren Sprecher. Neben diesem Vorstandsposten hatte er seit 1937 auch einen bei der I. G. Farben, dem weltgrößten Chemiekonzern, der in Auschwitz während des Krieges 900 Millionen Reichsmark investierte. Bei der von Arbeitssklaven aus dem KZ errichteten Anlage handelte es sich um die größte Baustelle des Kontinents, mindestens 25.000 Menschen verloren dort ihr Leben.

Die Deutsche Bank und dessen Vorstandsmitglied Abs waren maßgeblich an der sogenannten Arisierung jüdischer Unternehmen beteiligt. In den vom Hitlerreich okkupierten Staaten machte die Deutsche Bank ebenfalls Geschäfte.

Nach dem Krieg wurde Abs kurzzeitig suspendiert und drei Monate inhaftiert, doch alsbald von den Briten als »Berater« reaktiviert. In seinem »Entnazifizierungsverfahren« wurde er als »entlastet« eingestuft, auch wenn im November 1946 die Amerikaner einschätzten: »Abs war der Spiritus rector der niederträchtigen Deutschen Bank, die eine ungewöhnliche Konzentration wirtschaftlicher Macht mit aktiver Teilhaberschaft an der verbrecherischen Politik des Naziregimes verband. Die Deutsche Bank des Hermann Abs handelte wie eine Spitzeninstitution der deutschen Regierung und diente der wirtschaftlichen Durchdringung der Satellitenstaaten und der in Europa besetzten Länder«, so der OMGUS-Bericht. »Abs setzte seine ganze Kraft ein zur Ausdehnung der Herrschaft Deutschlands über Europa.« In Jugoslawien wurde er dafür in Abwesenheit zu 15 Jahren Zwangsarbeit verurteilt.

Als »Bonns ungekrönter Finanzminister« leitete er die BRD-Delegation bei der Londoner Schuldenkonferenz 1951/52.

Mit bis zu 30 Aufsichtsratsmandaten, davon 20 als Vorsitzender, war Abs auch in den 60er Jahren eine Schlüsselfigur der deutschen Wirtschaft und der einflussreichste Banker in Deutschland. Nach seinem Ausscheiden aus dem Vorstand der Deutschen Bank wurde er 1967 zum Vorsitzenden des Aufsichtsrats gewählt. 1976 beendete er sein Aufsichtsratsmandat, blieb anschließend bis zu seinem Tod im Februar 1994 Ehrenvorsitzender der Deutschen Bank.

1953 erhielt er das Große Verdienstkreuz mit Stern, drei Jahre später das Große Verdienstkreuz mit Stern am Schulterband. 1988 verlieh ihm die Bundesrepublik das Großkreuz des Verdienstordens.

Wesley Clark (1999)
geboren am 23. Dezember 1944 in Chicago, Illinois

Der US-General, Absolvent der Militärakademie von West Point und Vietnam-Veteran, kämpfte als General im Zweiten Golf-Krieg (»Desert Storm«) unter Präsident George Bush. Dessen Nachfolger Bill Clinton machte ihn zum Direktor für Strategie, Planung und Richtlinien im Pentagon.

Von 1997 bis 2000 war Clark Oberbefehlshaber der NATO. In dieser Zeit verantwortete er den Krieg in Jugoslawien, an dem 1999 – erstmals seit dem Zweiten Weltkrieg – deutsche Soldaten teilnahmen.

Allerdings wurde er von US-Verteidigungsminister Cohen als Oberbefehlshaber der NATO entlassen. Die wahren Gründe für den Absturz des karrierebewussten Generals liegen vermutlich im internen Machtgerangel, die vorgeschobenen – er habe einen direkten Konflikt mit den Russen auf dem Slatina-Flugfeld bei Priština provozieren wollen – klingen wenig überzeugend.

Clark bewarb sich 2004 erfolglos um die Präsidentschaftskandidatur bei den Demokraten. Sein Kriegsengagement auf dem Balkan würdigte die Bundesrepublik mit der Verleihung des Großkreuzes des Verdienstordens der Bundesrepublik Deutschland 1999.

III. Großes Verdienstkreuz mit Stern und Schulterband

Adolf Bruno Heinrich Ernst Heusinger (1963)
geboren am 4. August 1897 in Holzminden
gestorben am 30. November 1982 in Köln

Heusinger war Berufsmilitär und diente in allen reaktionären deutschen Armeen: von 1915 bis 1920 im Heer des Deutschen Kaiserreichs, von 1920 bis 1935 in der Reichswehr, von 1935 bis 1945 in der faschistischen Wehrmacht und von 1955 bis 1964 in der Bundeswehr. Von 1957 bis 1961 war der ehemalige Nazi-General der erste Bundeswehrinspekteur. Zuletzt hatte er den Vorsitz im NATO-Militärausschuss inne.

Heusinger kämpfte im Ersten und im Zweiten Weltkrieg. Von 1937 bis 1944 war er in der Operationsabteilung des Generalstabes im Oberkommando des Heeres eingesetzt, er plante die Überfälle auf die Tschechoslowakei, Polen, Norwegen, Dänemark, Holland, Belgien, Luxemburg, Frankreich, Griechenland, Jugoslawien, Afrika und Großbritannien.

Seit August 1942 war Adolf Heusinger auch Koordinator der »Partisanenbekämpfung« in den besetzten Gebieten und erarbeitete die Richtlinien für die »Bandenbekämpfung« und die Taktik der verbrannten Erde. Ihm wird zudem die Urheberschaft für den »Volkssturm« zugeschrieben.

Er stand nach 1945 unter Kontrolle der Westalliierten, sagte wiederholt bei den Kriegsverbrecherprozessen in Nürnberg aus, blieb aber unbehelligt.

Der Nazi-Geheimdienstler Reinhard Gehlen reaktivierte ihn im beginnenen Kalten Krieg. Unter dem Decknamen »Horn« wurde er in der Organisation Gehlen Leiter der Auswertung und dort speziell mit der Ausspähung der Sowjetunion beauftragt. 1950 machte ihn Bundeskanzler Adenauer zu seinem militärischen Berater, 1952 zum Leiter der Militärischen Abteilung im Amt Blank, dem Vorläufer des Bundesministeriums der Verteidigung, das 1955 seine Arbeit aufnahm.

Heusinger war ein Antikommunist und Kalter Krieger, eine atomwaffenfreie Zone in Zentraleuropa lehnte er ab, weil diese angeblich die Existenz der Bundesrepublik gefährden würde.

Im Dezember 1961 forderte die Sowjetunion erfolglos von den USA seine Auslieferung wegen Kriegsverbrechen auf ihrem Territorium während des Weltkrieges. Im August 1963 erhielt Adolf Heusinger das Große Verdienstkreuz mit Stern und Schulterband des Verdienstordens der Bundesrepublik Deutschland.

Friedrich Flick (1963)
geboren am 10. Juli 1883 in Ernsdorf
gestorben am 20. Juli 1972 in Konstanz

Flick war ein Kriegsgewinnler, seine Firmenbeteiligungen machten ihn zu einem der reichsten Bürger der Bundesrepublik, woran die Tatsache, dass er in Nürnberg zu sieben Jahren verurteilt und sein Vermögen zu großen Teilen eingezogen wurde, nichts änderte.

Bereits im Ersten Weltkrieg war er an Rüstungsbetrieben beteiligt und profitierte am Völkermord, er expandierte in der Weimarer Republik und finanzierte rechte und nationalistische Bewegungen und Parteien. 1933 spendete er nur noch für die NSDAP. Er gehörte dem kleinen »Freundeskreis Reichsführer SS« und der NSDAP an. Flick profitierte von der »Arisierung« jüdischer Unternehmen, von der Übernahme ausländischer Betriebe nach der Okkupation fremder Territorien durch die Wehrmacht und nicht zuletzt von der Sklavenarbeit von Häftlingen und Zwangsarbeitern. Zehntausende wurden zu Tode geschunden. Flick galt als einer der größten Profiteure der Nazidiktatur. Sein Privatvermögen wurde bei Kriegsende auf etwa drei Milliarden Reichsmark geschätzt.

1955 besaß er schon wieder 100 Firmen mit einem Gesamtumsatz von jährlich 8 Milliarden DM, bei Daimler-Benz war er der größte Aktionär, und die Beteiligungen bei Feldmühle, Dynamit Nobel, Buderus und Krauss-Maffei waren nicht unerheblich.

1963 bekam Flick das Große Verdienstkreuz mit Stern und Schulterband, was Bernt Engelmann zu seinem Tatsachenroman »Großes Bundesverdienstkreuz« inspirierte.

Hans Speidel (1963)
geboren am 28. Oktober 1897 in Metzingen
gestorben am 28. November 1984 in Bad Honnef

Hans Speidel war Berufsmilitär. Er schoss als Leutnant im Ersten Weltkrieg und tötete im Zweiten als General. Als Chef des Stabes der Heeresgruppe B war er an der Ostfront, also in der Sowjetunion, später an der Westfront eingesetzt.

Speidel war federführend an der Schlacht von Charkow und dem Unternehmen »Zitadelle«, dem Angriff auf den sowjetischen Frontbogen um Kursk, beteiligt.

Nach dem Krieg taucht er unauffällig unter und erst wieder 1950 auf. Mit anderen Militärs verfasste er damals die »Himmeroder Denkschrift«, mit der eine (west-)deutsche Wiederbewaffnung gefordert wurde. Mit dieser Empfehlung holte Bundeskanzler Adenauer den Ex-Nazigeneral als »Sachverständigen« ins Amt Blank. In dieser Eigenschaft war er von 1951 bis 1954 Chefdelegierter bei der Konferenz zur Bildung einer Europäischen Verteidigungsgemeinschaft, und nachdem die EVG nicht zustandegekommen war, vertrat er die BRD bei den Verhandlungen zum NATO-Beitritt. Speidel war von April 1957 bis September 1963 als General der Bundeswehr Oberbefehlshaber der alliierten Landstreitkräfte in Mitteleuropa und besorgte die Integration der Bundeswehr in die NATO. Der französische Präsident, der Antifaschist de Gaulle, veranlasste 1963 die Ablösung Speidels von diesem Posten.

1964 verlieh ihm der Bundespräsident das Große Verdienstkreuz mit Stern und Schulterband.

Reinhard Gehlen (1968)
geboren am 3. April 1902 in Erfurt
gestorben am 8. Juni 1979 in Berg am Starnberger See

Einmal Dienst immer Dienst. Dieses Geheimdienstler-Credo traf auf diesen Mann in besonderer Weise zu. Gehlen war während der Weimarer Republik Berufsmilitär geworden und nahm 1939 als Erster Generalstabsoffizier (Ia) am Überfall auf Polen teil. Der Ia war der sogenannte Führungsgehilfe des Kommandeurs, dem eine Operationsabteilung unterstand, die sich u. a. mit Aufklärungsaufgaben befasste. Folgerichtig wurde er im Mai 1942 zum Chef der Abteilung Fremde Heere Ost ernannt, zumal er an den Planungen für den Krieg gegen die Sowjetunion beteiligt war. Die FHO war der Heeresnachrichtendienst, somit wurde Gehlen verantwortlich für die Ostspionage. In dieser Funktion arbeitete er mit dem Auslandsnachrichtendienst der SS zusammen. Seit Oktober 1944 plante er für die Zeit nach dem Krieg: »Die Westmächte werden sich gegen den Verbündeten Russland wenden. Dabei werden sie mich, meine Mitarbeiter und meine kopierten Dokumente im Kampf gegen eine kommunistische Expansion benötigen, weil sie selbst keine Agenten dort besitzen.«

Im Mai 1945 lief er zu den Amerikanern über und bot ihnen Kooperation an. Diese flogen ihn in die USA aus. 1946 gründete er mit US-Hilfe in Oberursel die »Organisationen Gehlen« (OG), im Jahr darauf siedelte man nach Pullach über, wo sich noch heute die Zentrale des Bundesnachrichtendienstes befindet. Die OG rekrutierte ehemalige Nazis und Militärs aus der Wehrmacht, und diese machten im Kalten Krieg weiter, was man im heißen Krieg bereits getrieben hatte. Mitte der 50er Jahre zählte der Geheimdienst bereits mehrere Tausend Agenten, die seit 1953 aus Bundesmitteln finanziert wurden.

Aus der OG wurde 1956 der BND, deren Präsident bis 1968 Reinhard Gehlen war. Als er aus dem Dienst ausschied, verlieh ihm die Bundesrepublik das Großes Bundesverdienstkreuz mit Stern und Schulterband. Hitler hatte ihn bereits am 28. März 1945 mit dem Deutschen Kreuz in Silber sowie mit dem von ihm 1939 gestifteten Kriegsverdienstkreuz I. und II. Klasse dekoriert.

Hans-Dietrich Genscher (1975)

geboren am 21. März 1927 in Halle/Saale

Genscher wurde 1943 Luftwaffenhelfer, kam 1944 zum Reichsarbeitsdienst und in die NSDAP ohne eigenes Zutun. Im Januar meldete er sich freiwillig zum Kriegsdienst, um angeblich der Zwangsrekrutierung durch die Waffen-SS zu entgehen. Als Gefreiter kämpfte er im Frühjahr bei der »Armee Wenck« vor Berlin, wo er auch in amerikanische, später britische Kriegsgefangenschaft geriet.

In den 40er Jahren studierte er Jura in Leipzig und war danach Referendar beim Amtsgericht Halle, bis er 1952 in den Westen ging. In der DDR gehörte Genscher der LDPD an, in der Bundesrepublik der FDP. Für diese Partei saß er von 1965 bis 1998 im Bundestag. Er war von 1974 bis 1985 deren Bundesvorsitzender. In der von Willy Brandt seit 1969 geführten sozialliberalen Koalition war Genscher zunächst Bundesinnenminister, 1974 wurde er unter Helmut Schmidt Außenminister und Vizekanzler.

Genscher war maßgeblich am Sturz Schmidts durch ein konstruktives Misstrauensvotum und der Wahl Helmut Kohls zum Kanzler 1982 beteiligt. Unter dem CDU-Kanzler behielt Genscher seine Regierungsämter. 1992 schied er »auf eigenen Wunsch« nach 23 Jahren aus der Regierung aus. Maßgeblich für diesen Rücktritt war seine Politik auf dem Balkan, die zum Zerfall Jugoslawiens führte. Er hatte mit der raschen Anerkennung Sloweniens und Kroatiens und der Forderung nach ethnischen Trennungen bestehende nationale Konflikte befeuert.

1973 erhielt er das Große Verdienstkreuz und 1975 das Große Verdienstkreuz mit Stern und Schulterband der Bundesrepublik Deutschland.

Wolf Biermann (2006)

geboren am 15. November 1936 in Hamburg

Biermanns Vater wurde 1943 in Auschwitz ermordet. Sein Vorname geht auf den Hamburger Kommunisten und Vaters Kampfgefährten Karl Wolff zurück. Dieser gehörte zu den vier Antifaschisten, die am 1. August 1933 in Altona mit dem Handbeil hingerichtet worden waren.

1950 nahm Biermann in Berlin am 1. Deutschlandtreffen teil, 1953 übersiedelte er als 16-Jähriger in die DDR. Er machte Abitur, studierte an der Humboldt-Unversität Politische Ökonomie, danach Philosophie und Mathematik. Er war Kandidat der SED, wurde aber nicht als Mitglied aufgenommen. Er schrieb Gedichte und Lieder und trat verschiedentlich auf, 1964 erstmals auch in der Bundesrepublik. 1968 erschien in der DDR seine erste Platte. 1976 wurde er nach einem Konzert in Köln »wegen grober Verletzung der staatsbürgerlichen Pflichten« ausgebürgert. Biermann suchte die Konfrontation mit der Staatsmacht, er provozierte mit Texten und Haltungen. Die Reaktion war überzogen (die Nazis hatten Menschen »ausgebürgert«), aber verständlich. Robert Steigerwald (BRD) urteilte über ihn 1977: »Der Sänger rieb sich an der DDR. Statt politischer Auseinandersetzung fand Pression statt. So wurde er zum Märtyrer, der keiner war. Auf der anderen Seite besorgte Biermann die Geschäfte der Gegenseite. Ob gekauft oder nicht, fremdgesteuert oder selbstbestimmt, nachrichtendienstlich angebunden oder nur naiv, eitel und geltungsbedürftig: Objektiv half er den Feinden der DDR – und damit wurde er deren Verbündeter im Kalten Krieg gegen den Sozialismus.«

Sein aggressiver Antikommunismus wurde 2006 mit der Verleihung des Großen Bundesverdienstkreuzes gewürdigt.

IV. Großes Verdienstkreuz mit Stern

Robert Pferdmenges (1954)
geboren am 27. März 1880 in Mönchengladbach
gestorben am 28. September1962 in Köln

Pferdmenges war ein deutscher Banker und CDU-Politiker und unter anderem von 1931 bis 1936 Stellvertretender Aufsichtsratsvorsitzender der Dresdner Bank AG. Das war bekanntlich das Geldhaus, das die Konten der SS führte. Von 1929 bis 1953 war er auch Teilhaber des jüdischen Bankhauses Sal. Oppenheim jr. & Cie, das er 1938 »freundschaftlich« arisierte und lediglich bis 1947 als Platzhalter für die Eigentümer sicherte.

Die britische Besatzungsmacht untersagte ihm jede Tätigkeit in öffentlichen Ämtern, so wurde er als Präsident der Industrie- und Handelskammer von Köln 1946 abgesetzt. Sie werden wohl ihre Gründe gehabt haben. Aber das Verbot währte nicht lange. Von 1948 bis 1951 leitete Pferdmenges – gemeinsam mit Hermann Josef Abs – für Friedrich Flick treuhänderisch den Flick-Konzern. Von 1951 bis 1960 war er Präsident des Bundesverbandes deutscher Banken.

Als Mitbegründer der CDU im Rheinland, Freund und Berater Adenauers, forcierte er die Bildung eines westdeutschen Separatstaates. Von 1950 bis 1962 saß er im Bundestag. 1954 verlieh ihm die Bundesrepublik das Große Verdienstkreuz mit Stern.

Karl Ferdinand Ritter von Halt (1956)

geboren am 2. Juni 1891 in München
gestorben am 5. August 1964 in München

Personelle Kontinuität vom Dritten Reich in die Bundesrepublik gab es nicht nur in der Politik und bei den Juristen, beim Militär, in der Wirtschaft und bei den Nachrichtendiensten. Auch für Sportfunktionäre ging es bruchlos weiter. Einer der namhaftesten Nazis, die es mühelos in die neue Zeit schafften, war Karl Ferdinand Ritter von Halt.

In den Ersten Weltkrieg war er als Freiwilliger gezogen, 1917 wurde er wegen besonderer militärischer Leistungen in den Adelsstand erhoben. In den 20er Jahren kehrte er ins Bankgeschäft zurück, 1936 wurde er Direktor bei der Deutschen Bank und ab 1938 im Vorstand für den Personalbereich verantwortlich. Zusätzlich war er »Betriebsführer«: Seit 1933 hatte er das Parteibuch der NSDAP in der Tasche und gehörte zum »Freundeskreis Reichsführer SS«. Gemeinsam mit Himmler besuchte er 1937 das KZ Dachau und 1939 das KZ Sachsenhausen.

Halt war mehrfacher deutscher Meister im Zehnkampf und Olympiateilnehmer, seit 1929 gehörte er dem Internationalen Olympischen Komitee an, seit 1931 war er Vorsitzender des Sportbundes für Leichtathletik. Bei den Sommerspielen 1936 war er verantwortlich für die Wettkämpfe der Leichtathleten, bei den Winterspielen in Garmisch-Partenkirchen Präsident des Organisations-Komitees.

1944 wurde er zum Reichssportführer des »Nationalsozialistischen Reichsbundes für Leibesübungen« berufen.

Nach dem Krieg internierte ihn die sowjetische Besatzungsmacht in Buchenwald bis 1950. Später kehrte Karl Ferdinand Ritter von Halt nach München zurück, wo er bei der Bayerischen Kreditbank eine Tätigkeit aufnahm.

Ungeachtet seiner tiefbraunen Vergangenheit (oder vielleicht gerade deshalb) ernannte man ihn 1951 zum Präsidentes des Olympischen Komitees der Bundesrepublik, das blieb er zehn Jahre. Danach trug man ihm die Ehrenpäsidentschaft an. Ferner war er Ehrenpräsident des Internationalen Handballverbandes und des deutschen Leichtathletik-Verbandes.

Karl Ferdinand Ritter von Halt hatte das Ohr von Bundeskanzler Adenauer und sorgte maßgeblich dafür, dass DDR-Sportler insbesondere bei Olympischen Spielen nicht unter der eigenen Fahne starten durften. Bis 1968 mussten die Athleten aus den beiden Staaten in einer gesamtdeutschen Mannschaft starten. Erstmals trat 1972 in München die DDR mit einer eigenen Mannschaft an. Das »Ritter-von-Halt-Stadion« in Garmisch-Partenkirchen wurde 2006 umbenannt.

1956 würdigte die Bundesrepublik den sportiven Antikommunisten mit dem Großen Verdienstkreuz mit Stern.

Marianne Birthler (2011)

geboren am 22. Januar 1948 in Berlin

Manche Auszeichnungen werden wegen des Amtes und nicht wegen besonderer Leistungen vergeben. Zu den solcherart geehrten gehört Marianne Birthler. Sie lebte in der DDR, machte Abitur, arbeitete im Außenhandel, absolvierte ein Fernstudium. Soweit normal.

1976 begann sie eine fünfjährige gemeindepädagogische Fernausbildung zur Katechetin und Gemeindehelferin, danach war sie in einer Pfarrgemeinde im Prenzlauer Berg in Berlin im Kinder- und Jugendbereich tätig. 1987 wurde sie Jugendreferentin im Stadtjugendpfarramt.

Am 4. November 1989 sprach Marianne Birthler auf der Kundgebung auf dem Alexanderplatz für die Initiative Frieden und Menschenrechte (IFM). In der letzten Volkskammer der DDR saß sie für »Bündnis 90«, ab dem 3. Oktober 1990 im Deutschen Bundestag. Nach der Wahl im Dezember nicht mehr.

In Brandenburg gehörte Birthler dem ersten Stolpe-Kabinett als Ministerin für Bildung, Jugend und Sport an. 1992 warf sie den Bettel wegen vermeintlicher Stasi-Verstrickungen des Regierungschefs hin. 1995 bekam sie das Bundesverdienstkreuz 1. Klasse.

2000 übernahm sie in der Nachfolge von Joachim Gauck die Stasi-Unterlagenbehörde, die sie zehn Jahre führte. Höhepunkt ihres dortigen Schaffens war die sensationelle Entdeckung des »Schießbefehls« in der Außenstelle Magdeburg 2007, nachdem bereits 17 Jahre intensiv gesucht worden war. Wie sich allerdings herausstellte, war das siebenseitige Dokument bereits 1997 publiziert worden. Von der BStU.

2011 wurde Birthlers Einsatz bei der Aufarbeitung der DDR-Diktatur mit der Verleihung des Großen Verdienstkreuzes mit Stern gewürdigt.

David Howell Petraeus (2012)

geboren am 7. November 1952 in Cornwall-on-Hudson

Nicht nur deutsche Geheimdienstler mit Nazi-Vergangenheit wurden mit höchsten deutschen Auszeichnungen bedacht. Auch Amerikaner traf es. David Howell Petraeus, 2011 und 2012 Direktor der CIA, war so einer.

Als Officer der US Army hatte er, nachdem er auf dem Balkan eingesetzt gewesen war, mehrere Jahre im Irak-Krieg gegen Saddam Hussein gekämpft, dann die dortigen Besatzungstruppen geführt. Von 2008 bis 2010 war er Oberbefehlshaber der US-Streitkräfte im Irak und in Afghanistan.

Das Weiße Haus vereidigte ihn im September 2011 als Geheimdienstchef. Allerdings musste er nach einem reichlichen Jahr den Dienst bereits wieder quittieren. Nicht nur, dass er eine außereheliche Affäre gehabt hatte – er hatte der Frau, da sie eine Biografie über ihn schrieb, auch Einsicht in geheime Dokumente gewährt, die diese in dem Buch prompt erwähnte.

2015 wurde Petraeus zu einer zweijährigen Bewährungsstrafe und zu einer Geldstrafe von 100.000 Dollar verurteilt.

Als treuer Verbündeter stand die Bundesrepublik auch zu diesem gefallenen Freund: Sie verlieh Petraeus 2012 das Große Verdienstkreuz mit Stern.

V. Großes Verdienstkreuz

Werner Höfer (1973)
geboren am 21.3.1913 in Kaisersesch
gestorben am 26.11.1997 in Köln

Höfer war einer der maßgebenden Journalisten in den ersten Jahrzehnten der Bundesrepublik, sein sonntäglicher Journalistenstammtisch wurde seit Beginn der 50er Jahre von vielen Rundfunkstationen und auch von der ARD verbreitet. Da der Deutschlandfunk und die ARD eine gewisse Regierungsnähe hatten, besaß der Verlautbarungsjournalismus des Altnazis Höfer – er war 1933 der NSDAP beigetreten – gleichsam höhere Weihen.

Höfer hatte nach einem Philosophie- und Geschichtsstudium in der Nazizeit als Journalist zu arbeiten begonnen. 1941 wurde er Pressereferent der Organisation Todt, später im Rüstungsministerium Albert Speers, der den Ausbau von Auschwitz als Arbeitssklavenreservoir für die deutsche Rüstungswirtschaft anordnete.

Höfers Haltung machte 1943 ein Kommentar zur Ermordung des Pianisten Karlrobert Kreiten sichtbar. Er rechtfertigte darin das verbrecherische Todesurteil des Volksgerichtshofes. »Es dürfte heute niemand Verständnis dafür haben, wenn einem Künstler, der fehlte, eher verziehen würde als dem letzten gestrauchelten Volksgenossen. Das Volk fordert vielmehr, dass gerade der Künstler mit seiner verfeinerten Sensibilität und seiner weithin wirkenden Autorität so ehrlich und tapfer seine Pflicht tut, wie jeder seiner unbekannten Kameraden aus anderen Gebieten der Arbeit. Denn gerade Prominenz verpflichtet!«

Nach seiner Entlassung aus amerikanischer Kriegsgefangenschaft ging Höfer wieder auf Sendung. 1964 wurde er Chef des 3. Programms des WDR, acht Jahre später Fernsehdirektor. Seine Bewerbung als Intendant scheiterte 1973. Nebenbei füllte er die Spalten des auflagenstärksten Magazins Europas als »Politischer Korrespondent«. Der *Stern* war vom ehemaligen Kriegsberichterstatter in einer Propagandakompanie, Henry Nannen, nach dem Krieg begründet worden. (In Nannens Verantwortung sollte 1983 der *Stern* die vermeintlichen Tagebücher von Hitler publizieren.)

Bereits 1962 hatte die DDR auf Höfers braune Vergangenheit und auf den üblen Kommentar zum Mord an den Pianisten hingewiesen, was, wie üblich, als Propaganda und angebliche Fälschung abgewiesen wurde, zumal Höfer behauptete, die Aussagen seien ihm in der Redaktion »hineinredigiert« worden.

Erst als in den 80er Jahren der *Spiegel* das Thema aufgriff und nachwies, dass Höfer eindeutig der Autor dieser »Hinrichtungshymne« war, musste der unverändert uneinsichtige Höfer (»Ich war kein Schreibtischtäter«) 1988 seinen *Internationalen Frühschoppen* aufgeben.

Anderthalb Jahrzehnte zuvor war dem Nazipropagandisten noch das Große Verdienstkreuz der Bundesrepublik Deutschland verliehen worden.

Otto Habsburg-Lothringen
geboren am 20. November 1912 in Reichenau an der Rax
gestorben am 4. Juli 2011 in Pöcking

Als Sohn des letzten Kaisers der k.u.k. Monarchie firmierte er von 1930 bis 2007 als Oberhaupt des Hauses Habsburg-Lothringen. In den beiden letzten Jahren des Ersten Weltkrieges war er der Kronprinz, und wenn die Revolutionen damals nicht die meisten Monarchien gestürzt hätten, wäre er wohl auch Kaiser geworden.

Gleichwohl betrachtete er sich als »Werkzeug Gottes«, weshalb er ein bekennender Antikommunist war. Deshalb engagierte er sich bereits in den 30er Jahren in der nach dem Weltkrieg entstandenen »Paneuropa-Union«, die in erster Linie auf die Restauration christlich-konservativer Werte setzte. Er war von 1957 bis 1973 deren Vizepräsident, danach bis 2004 deren Präsident.

In diesem Geiste saß Otto von Habsburg für die CSU von 1979 bis 1999 im Europa-Parlament. Am 19. August 1989 organisierte er als Schirmherr an der österreichisch-ungarischen Grenze das »Paneuropäische Picknick«, bei dem drei Stunden lang die Grenze (der »Eiserne Vorhang«) geöffnet wurde. Die gezielte Demonstration erfüllte ihren Zweck: In dieser Zeit verließen zwischen 600 und 700 DDR-Bürger illegal das Urlaubsland Ungarn und wurden im Westen als Flüchtlinge gefeiert.

Bereits zwei Jahre zuvor hatte das kaiserliche Familienoberhaupt Otto von Habsburg von der brügerlichen Republik das Große Verdienstkreuz verliehen bekommen.

VI. Verdienstkreuz 1.Klasse

Josef Eilles
geboren am 9. März 1880
gestorben 1966 in München

Nach dem Selbstverständnis der Bundesrepublik ist diese einerseits ein Rechtsstaat, andererseits steht sie in der Rechtsnachfolge des Deutschen Reiches. Das erklärt auch die Kontinuität des in der Justiz tätigen Personals.

Ein typisches Beispiel des bruchlosen Übergangs von Nazidiktatur zur Demokratie ist Josef Eilles, dessen Dienstlaufbahn 1907 im bayerischen Justizministerium begann. Seine Tätigkeit als Amtsrichter in München wurde nur für kurze Zeit durch den Kriegseinsatz unterbrochen, danach machte er als Staatsanwalt weiter. 1932 berief man ihn zum Reichsgerichtsrat. Dort urteilte er unbeschadet bis zum letzten Tag des Tausendjährigen Reiches.

Als die Gerichte nach dem Krieg wieder ihre Tätigkeit im Namen des deutschen Volkes aufnahmen, sprach auch Eilles als Landgerichtsdirektor wieder Recht. Diese Beharrlichkeit und Ausdauer honorierte die Bundesrepublik Deutschland 1953 mit dem Verdienstkreuz 1. Klasse.

Rainer Hildebrandt (1994)
geboren am 14. Dezember 1914 in Stuttgart
gestorben am 9. Januar 2004 in Berlin

Der Antikommunist Hildebrandt war seit Beginn des Kalten Krieges ein Mann der Amerikaner. Mit deren materieller und logistischer Hilfe gründete er bereits in den 40er Jahren im Westteil Berlins die »Kampfgruppe gegen Unmenschlichkeit« (KgU), die 1951 als Verein im Vereinsregister des Amtsgerichts Charlottenburg eingetragen wurde. Neben der Spionage in der DDR – dort galt das Interesse der Hintermänner insbesondere militärischen Einrichtungen der Sowjetunion – konzentrierten sich Hildebrandt und die KgU auf Provokationen und Sabotage. Sie verübten Sprengstoff- und Brandanschläge, verstreuten auf den Straßen Reifentöter (bei einem auf diese Weise verursachten Unfall während der Weltfestspiele 1951 in Berlin starben sieben Menschen), in einem Leipziger Kaufhaus wurden Phosphorampullen hinterlegt.

Gegen diese lebensgefährdenden Terrorakte schritten die Sicherheitsorgane der DDR und der Sowjtunion ein. Als der angestrebte Umsturz in der DDR jedoch ausblieb, ging die massive Unterstützung durch die US-Geheimdienste, Westberliner Senatsstellen und die Bundeszentrale für politische Bildung zurück. Auf Betreiben des Westberliner Senats und des Bundesministeriums für gesamtdeutsche Fragen wurde die KgU im März 1959 aufgelöst. Hildebrandt engagierte sich nach dem Mauerbau in der »Arbeitsgemeinschaft 13. August«, wozu auch das 1963 von ihm geschaffene »Mauermuseum« gehörte.

Die Bundesrepublik Deutschland würdigte 1994 das Lebenswerk Hildebrandts mit der Verleihung des Verdienstkreuzes 1. Klasse.

Konrad Weiß (1995)
geboren am 17. Februar 1942 in Lauban

Konrad Weiß absolvierte in der DDR eine Lehre als Elektromonteur, machte das Abitur an der Volkshochschule und studierte an der Hochschule für Film und Fernsehen in Potsdam-Babelsberg. Sein während des Regie- und Kamerastudiums entstandener Dokumentarfilm über den Vietnam-Krieg wurde 1967 in Moskau auf einem Festival ausgezeichnet.

Neben seiner Dokumentarfilmer-Tätigkeit bei der DEFA war er auch publizistisch tätig, er schrieb ferner Texte für Liedermacher und organisierte Ausstellungen, die – wenngleich von staatlichen Stellen unterstützt – nur unter dem Dach kirchlicher Einrichtungen gezeigt wurden, so etwa zur Entwicklung einer rechten Szene in der DDR in den späten 80er Jahren.

Im Herbst 1989 gehörte Weiß zu den Mitbegründern von »Demokratie jetzt!« und zu den Erstunterzeichnern des Aufrufes »Für unser Land«. Er war Abgeordneter der letzten Volkskammer und saß für Bündnis '90/Grüne von 1990 bis 1994 im Bonner Bundestag. Er verließ diese Partei jedoch 2001, als sie in Berlin signalisierte, auch für Koalitionen mit der PDS zur Verfügung zu stehen.

1995 bekam er das Verdienstkreuz 1. Klasse verliehen. Die Gründe für diese hohe Ehrung waren nicht ersichtlich.

Karl Wilhelm Fricke (2001)
geboren am 3. September 1929 in Hoym, Sachsen-Anhalt

Im östlichen Harz-Vorland liegt die Kleinstadt Hoym, in der Frickes Vater bis 1945 als Presseamtsleiter und stellvertretender Propagandaleiter der NSDAP-Ortsgruppe tätig war. Als Pädagoge engagierte sich der Nazi auch im NS-Lehrerbund. Nach dem Krieg nahm ihn die sowjetische Besatzungsmacht fest und verurteilte Karl Oskar Fricke zu zwölf Jahren Haft, die er nicht überlebte.

Das prägte die Haltung seines Sohnes. Dieser ging Anfang 1949 in den Westen, studierte Politikwissenschaften in Westberlin und kooperierte dort u. a. mit der »Kampfgruppe gegen Unmenschlichkeit«. Sein publizistisches Generalthema war die DDR und deren Überwindung, womit er zwangsläufig ins Visier der DDR-Behörden geriet.

1955 wurde der Antikommunist Fricke in Westberlin gekidnappt und zu vier Jahren wegen »Kriegs- und Boykotthetze« verurteilt. 1959 setzte er in der Bundesrepublik seine publizistische Tätigkeit gegen die DDR fort. Von 1970 bis 1994 arbeitete Fricke als leitender Redakteur beim *Deutschlandfunk* in Köln.

Im Jahre 2001 erhielt er das Verdienstkreuz 1.Klasse.

Peter Hartz (2002)
geboren am 9. August 1941 in St.Ingbert

Der Sozialdemokrat stammt aus proletarischen Verhältnissen und qualifizierte sich über den sogenannten Zweiten Bildungsweg zum Diplom-Volkswirt. Sein Weg führte über diverse nationale und internationale Unternehmen bis zum VW-Konzern in Wolfsburg, wo er 1993 Personalvorstand und damit zu einem der wichtigen Industriemanager wurde.

Anteilseigener der Volkswagen AG ist das Land Niedersachsen, dessen Ministerpräsident von 1990 bis 1998 Gerhard Schröder hieß. Nachdem dieser siebter Bundeskanzler geworden war – weil das neue Kanzleramt in Berlin noch nicht fertiggestellt war, richtete er seine Arbeitsräume im ehemaligen Staatsratsgebäude der DDR ein –, beauftragte er seine Genossen in Wolfsburg mit der Erarbeitung eines Konzeptes zur Umgestaltung des Arbeitsmarktes, das Teil der »Agenda 2010« der rotgrünen Koalition werden sollte.

Anfang 2002 legte Hartz das Konzept vor, das wortreich (»13 Innovationsmodule«) den geplanten Abbau von Sozialeistungen verschleierte, u. a. durch die Zusammenführung von Arbeitslosenhilfe und Sozialhilfe. Die Umsetzung der Vorschläge sollte in wenigen Jahren mit vier Gesetzen erfolgen.

Es gab Proteste auf der Straße, im Parlament, der Europäische Gerichtshof erklärte einen Teil der Hartz-Gesetze wegen Altersdiskriminierung für nichtig.

2002 wurde Peter Hartz mit dem Bundesverdienstkreuz 1. Klasse ausgezeichnet. Er gab den Orden 2007 zurück, nachdem er wegen Veruntreuung von Firmengeldern vom Landgericht Braunschweig zu zwei Jahren Haft und zur Zahlung von 576.000 Euro verurteilt worden war.

Heinz Eggert (1992)
geboren am 6. Mai 1946 in Rostock

Eggert machte eine Lehre bei der Deutschen Reichsbahn, arbeitete in den 60er Jahren als Stellwerkmeister und Fahrdienstleiter im Rostocker Überseehafen und studierte von 1969 bis 1974 Theologie. Nach Vorfällen in seiner Pfarrstelle im Bezirk Neubrandenburg wurde er kirchenintern nach Oybin, an die Peripherie der DDR, versetzt.

Der Umbruch in der DDR brachte ihn in die Politik. Im Mai 1990 wurde er Landrat in Zittau, wo er sich aufgrund seines rigorosen Vorgehens gegen Funktionsträger den Titel »Pfarrer Gnadenlos« einhandelte. Er schloss sich der CDU an (war von 1992 bis 1995 stellvertretender Bundesvorsitzender) und wurde 1991 Innenminister von Sachsen. Diesen Posten musste er 1995 aufgeben, nachdem männliche Mitarbeiter öffentlich den Vorwurf sexueller Belästigung erhoben hatten. Ins Gerede war er aber auch wegen anderer Probleme gekommen: So hatte er zwei Ärzte der Psychiatrie in Großschweidnitz – in die er sich wegen einer Ruhrerkrankung angeblich freiwillig hatte einliefern lassen – als MfS-Bedienstete beschuldigt, die ihm nach dem Leben getrachtet hätten. Obwohl die Staatsanwaltschaft Dresden mangels Beweisen die Ermittlungen einstellte, brachte der Rufmord die Mediziner um ihren Arbeitsplatz.

Eggert saß bis 2009 im Landtag, seither ist er in der politischen Versenkung verschwunden. Letztmalig berichtete der *Spiegel* 2010 über ihn, als Eggert (er gehört zum »Zeitzeugen-Pool«) auf Vortragsreise war. »Er redet lieber über die DDR als über die Nachwendezeit, weil es einfacher ist. Er ist der perfekte Zeitzeuge der Adenauer-Stiftung«, heißt es in dem entlarvenden Text.

1992 ehrte die Bundesrepublik Deutschland »Pfarrer Gnadenlos« mit dem Bundesverdienstkreuz 1. Klasse.

VII. Verdienstkreuz der Bundesrepublik Deutschland am Bande

Hartmut Mehdorn (1982)
geboren am 31. Juli 1942 in Warschau

Mehdorn ist Maschinenbauingenieur und arbeitete sich bis ins Industriemanagement empor. In den 80ern leitete er im Rüstungskonzern Messerschmitt-Bölkow-Blohm (MBB) den Bereich Transport- und Verkehrsflugzeuge. Von 1989 bis 1992 war er Vorsitzender der Geschäftsführung der Deutschen Airbus GmbH in Hamburg, danach gehörte er bis 1995 dem Vorstand der Deutschen Aerospace AG (DASA) in München an.

In der Folgezeit wechselte Mehdorn jeweils auf der Führungsebene verschiedener Unternehmen. Die Häufigkeit des Arbeitsplatzwechsel könnte möglicherweise einer gewissen Unfähigkeit zugeschrieben werden, die der breiten Öffenlichkeit bekannt wurde, als Mehdorn Vorstandschef der Deutschen Bahn AG wurde. 2009 trat er von dem Posten zurück (Jahresgehalt etwa drei Millionen Euro). Danach agierte Mehdorn nicht weniger erfolgreich als Verwaltungsrat bzw. Chef der Fluggesellschaft Air Berlin. 2013 wurde Mehdorn Vorsitzender der Geschäftsführung der Flughafen Berlin-Brandenburg GmbH, 2015 trat er von diesem Posten zurück. Seither ist er Rentner.

1982 bekam Mehdorn das Bundesverdienstkreuz am Bande für seine Arbeit am Airbus.

Vera Lengsfeld (2008)
geboren am 4. Mai 1952 in Sondershausen

Nach dem Abitur begann Vera Lengsfeld 1970 ein Studium der Geschichte der Arbeiterbewegung an der Karl-Marx-Universität Leipzig. 1972 wechselte sie zum Philosophie-Studium an die Humboldt-Universität Berlin. Als Mitglied der SED – später war sie bei den Grünen, für die sie bis 1996 im Bundestag saß, dann wechselte sie zur CDU, die sie bis 2005 im Parlament vertrat – arbeitete sie als Lektorin und wissenschaftliche Mitarbeiterin am Zentralinstitut für Philosophie in der Akademie der Wissenschaften der DDR. Danach war sie im FDJ-Verlag Neues Leben Lektorin.

1988 wurde sie nach einer Verurteilung (»versuchte Zusammenrottung«) nach Großbritannien abgeschoben, am 9. November 1989 kehrte sie in die DDR zurück.

Sie gehörte der letzten Volkskammer an, dann bis 2005 dem Bundestag. Bei späteren Wahlen scheiterte sie. 2003 kritisierte sie in der rechtsextremen *Jungen Freiheit* den Ausschluss Martin Hohmanns aus der CDU, nachdem dieser eine als antisemitisch bewertete Rede gehalten hatte. Im Januar 2015 verteidigt sie im Webblog *Die Achse des Guten* die Pegida-Bewegung.

2008 erhielt sie das Bundesverdienstkreuz am Bande.

Sylvia-Yvonne Kaufmann (2009)

geboren am 23. Januar 1955 in Berlin

Nach Abitur und Studium der Japanologie an der Humboldt-Universität in Berlin war sie dort wissenschaftliche Mitarbeiterin, 1984 promovierte sie. Danach war sie bis 1990 am Institut für Internationale Politik und Wirtschaft in Berlin tätig, ihr Mann leitete die Schule der Hauptverwaltung Aufklärung (HV A) in Gosen bei Berlin.

Als Mitglied der SED ging sie nahtlos zur PDS über, in deren Parteivorstand sie bis 2002 für Friedens-, internationale und Europapolitik verantwortlich war. Von 1993 bis 2000 war sie stellvertretende Parteivorsitzende und seit 1991 Beobachterin im Europäischen Parlament. Von 1999 bis 2009 war sie Europaabgeordnete.

Auf dem Parteitag in Münster 2000 war sie maßgeblich daran beteiligt, dass die Mehrheit der Delegierten für die Fortsetzung des strikten Antikriegs-Kurses der PDS votierte.

Nachdem Kaufmann trotz ihres nachweislich erfolgreichen Wirkens im Europaparlament aus parteiinternen Gründen nicht mehr auf einen aussichtsreichen Platz auf der Wahlliste 2009 nominiert worden war, verließ sie im Groll die Partei Die Linke und trat zur SPD über. Für diese Partei sitzt sie seit 2014 wieder im EU-Parlament.

Am 3. Februar 2009 erhielt sie, wenige Wochen vor Bekanntgabe ihres Parteiübertritts, das Bundesverdienstkreuz am Bande.

Hubertus Knabe (2009)

geboren 1959 in Unna

Der Sohn von DDR-Flüchtlingen studierte Geschichte und Germanistik und wurde 1983 Pressesprecher bei den Grünen in Bremen. Finanziert vom Deutschen Akademischen Austauschdienst (DAAD) studierte er Mitte der 80er Jahre in Budapest und promovierte nach seiner Rückkehr in Westberlin über »Umweltkoflikte im Sozialismus«. Anfang der 90er Jahre ging Knabe als DAAD-Lektor nach Slowenien.

Von 1992 bis 2000 arbeitete er in der Forschungsabteilung der Bundesbehörde für die Stasi-Unterlagen, danach wechselte er an die Gedenkstätte Berlin-Hohenschönhausen als Wissenschaftlicher Direktor.

Die Arbeit Knabes wird kontrovers beurteilt. Unterstützer sehen in seinen Werken einen wichtigen Beitrag zur Erinnerung an das Unrecht in der DDR. Kritiker hingegen werfen ihm seinen polemischen Schreibstil, missionarischen Eifer und eine Verengung der Perspektive vor. Als Wissenschaftler unterzöge er seine Quellen keiner ausreichenden Kritik. Er ist ein Apologet der Totalitarismusdoktrin, für ihn ist braun gleich rot und rot gleich braun.

Dafür bekam er 2009 das Bundesverdienstkreuz am Bande.

Karl Friedrich von Hohenzollern (2009)
geboren am 20. April 1952 in Sigmaringen

Seit 2010 steht er der schwäbischen Linie der Hohenzollern vor, die brandenburgisch-preußische Linie stellte bekanntlich bis 1918 Könige und Kaiser. Der Chef des Hauses studierte Betriebswirtschaft und machte eine Lehre als Bankkaufmann. Heute ist er Generalbevollmächtigter der Unternehmensgruppe Fürst von Hohenzollern, ehemals Hofkammer, mit Sitz in Sigmaringen und Gesellschafter der Zollern GmbH und Co. KG, einer der größten Arbeitgeber im Landkreis Sigmaringen. Er sitzt im Wirtschaftsbeirat der BayernLB und im Aufsichtsrat der Südwestbank, im Unternehmerbeirat der Gothaer Versicherungsbank und im Beirat der Landesbank Baden-Württemberg sowie des Regionalbeirats der Commerzbank.

Als CDU-Mitglied vertritt er seine Partei im Bundesvorstand des Wirtschaftsrates Deutschland und im Bund Katholischer Unternehmer. Dafür verlieh man dem Fürsten 2009 das Verdienstkreuz am Bande des Verdienstordens der Bundesrepublik Deutschland.

Die Verweigerer

Beim Studium der Namenslisten wird klar, dass zwischen den einzelnen Kreuzen eine gewisse Rangordnung existiert. Künstler, Wissenschaftler, Schriftsteller und »einfache Leute« finden sich nur auf den niederen Rängen. Oben drängen sich die Großkopferten, denen die Orden im Dutzend am Revers hängen. Welche Kriterien bei der Auswahl eine Rolle spielten und spielen, wurde exemplarisch auf den vorangegangenen Seiten deutlich gemacht.

Es gibt aber auch Menschen, die nicht nur auf derlei Schmeichelei durch die Obrigkeit verzichten, sondern aus anderen Erwägungen die Annahme eines Kreuzes verweigern. Sie wollen sich nicht gemein machen mit Menschen mit dunkler Vergangenheit, ihr Name soll nicht in einer Reihe stehen oder in einem Atemzug genannt werden mit Nazis, Menschenschindern, Unterdrückern und skrupellosen Ausbeutern. Denn ob man das subjektiv als ehrabschneidend empfindet oder nicht – objektiv gerät man oder frau in Mithaftung.

Diese bewusste Verweigerung ist natürlich von anderer Qualität als etwa die von Hanseaten, welche – mit Verweis auf das Hamburger Stadtrecht von 1270 – die Annahme von Orden stolz verweigern. Helmut Schmidt verweigerte 1974 als SPD-Fraktionschef im Bundestag die Annahme des Großen Verdienstkreuzes mit Stern und Schulterband, Hans-Ulrich Klose, Hamburgs Erster Bürgermeister, tat es ihm nach. Die meisten Hanseaten aber handelten wie Hamburgs Ehrenbürger Johannes Brahms: »Ich bin entschieden gegen Orden – aber haben möchte ich sie.«

Max Beer (Rückgabe 1958)

geboren am 8. Juni 1886 in Wien
gestorben am 27. Oktober 1965 in New York

Beer war Journalist und Schriftsteller und hatte an der Pariser Sorbonne Jura studiert. Er arbeitete seit 1931 als Korrespondent der *Allgemeinen Deutschen Zeitung* in Genf beim Völkerbund. Die Nazis feuerten ihn 1933, weil er Jude war.

Vor dem Krieg ging er nach Paris, später floh er in die USA, wo er für die antifaschistische deutsch-jüdische Zeitung *Aufbau* arbeitete, der wichtigsten Informationsquelle für jüdische und andere deutschsprachige Flüchtlinge. Zu den Herausgebern gehörten Albert Einstein, Thomas Mann und Stefan Zweig.

Nach der Gründung der Vereinten Nationen arbeitete der polyglotte Beer in der Informationsabteilung der UNO, ab 1950 belieferte er als Korrespondent mehrere Agenturen und Zeitschriften. Bis kurz vor seinem Tod 1965 war er UNO-Korrespondent der *Neuen Zürcher Zeitung*, Vizepräsident und dann Präsident der *United Nations Correspondents Association.*

1957 verlieh ihm die Bundesrepublik das Verdienstkreuz 1. Klasse des Verdienstordens der Bundesrepublik Deutschland. Als ein Diplomat des deutschen Generalkonsulats in New York ihm gegenüber einen anderen Journalisten als »dreckigen Juden« bezeichnet hatte, protestierte Beer telegrafisch bei Bundespräsident Theodor Heuss und beim Personalchef des Auswärtigen Amtes. Nach fünf Tagen hatte man dort noch immer nicht reagiert. Daraufhin gab Beer sein Bundesverdienstkreuz zurück.

Ludwig Baumann
geboren am 13. Dezember 1921 in Hamburg

Ludwig Baumann desertierte als 21-Jähriger in Frankreich aus der Wehrmacht, weil er an dem »verbrecherischen, völkermörderischen Krieg« nicht mehr mitwirken wollte. Er wurde festgenomen und wegen »Fahnenflucht im Felde« zum Tode verurteilt. Die Todesstrafe wurde später in 12 Jahre Zuchthaus gewandelt. Diese verbüßte er im KZ Emsland, dann im Wehrmachtgefängnis Torgau. Später wurde er in die sogenannte »Bewährungstruppe 500« an der Ostfront gepresst. Dort kam er in sowjetische Kriegsgefangenschaft.

Die faschistische Militärjustiz verurteilte etwa 30.000 Deserteure zum Tode, etwa 20.000 Mal wurde das Urteil vollstreckt. In der Bundesrepublik galten noch Jahrzehnte Fahnenflüchtige als Feiglinge und Verräter, die sich der »Verteidigung des Vaterlandes« aus niederen Beweggründen entzogen hätten. Um hier ein Umdenken zu erreichen, gründete Baumann 1990 mit etwa 40 anderen Wehrmachtdeserteuren und engagierten Wissenschaftlern und Historikern die *Bundesvereinigung Opfer der NS-Militärjustiz*, um eine Aufhebung der Unrechtsurteile gegen Deserteure, »Wehrkraftzersetzer«, Selbstverstümmeler und andere Opfer der NS-Militärjustiz sowie deren vollständige Rehabilitation zu erreichen. 2002 wurde das »Gesetz zur Aufhebung nationalsozialistischer Unrechtsurteile in der Strafrechtspflege« verabschiedet.

Ludwig Baumann, der auch in der Friedensbewegung aktiv war, verweigerte die Annahme des Bundesverdienstkreuzes mit der Begründung, dass er »keinen Orden haben will, den auch ehemalige Nazis tragen«.

Inge Deutschkron

geboren am 23. August 1922 in Finsterwalde

Inge Deutschkron, Tochter eines von den Nazis aus dem Schuldienst entlassenen jüdischen Lehrers, der der SPD angehörte, tauchte mit ihrer jüdischen Mutter in Berlin 1943 unter. Sie überlebten illegal und mit Hilfe nichtjüdischer Freunde. Nach dem Krieg zogen beide zum Vater nach London. Inge Deutschkron studierte Fremdsprachen und arbeitete als Sekretärin bei der Sozialistischen Internationale. 1955 kehrte sie in die Bundesrepublik zurück und lebte als freie Journalistin. 1966 wurde sie israelische Staatsbürgerin, sechs Jahre später zog sie nach Israel wegen des aufflammenden Antisemitismus in der Bundesrepublik.

Sie war und ist publizistisch tätig, wobei der Kampf gegen den Antisemitismus und für stilles Heldentum ihr Generalthema ist. Am 30. Januar 2013 sprach sie im Deutschen Bundestag zum Tag des Gedenkens an die Opfer des Nationalsozialismus.

Das Bundesverdienstkreuz lehnte Inge Deutschkron wiederholt mit der Begründung ab, weil so viele Nazis damit ausgezeichnet worden seien.

Ossip K. Flechtheim
geboren am 5. März 1909 in Nikolajew
gestorben am 4. März 1998 in Berlin

Flechtheim stammt aus jüdischem Hause, machte in Düsseldorf Abitur, studierte Rechts- und Staatswissenschaften an den Universitäten in Freiburg im Breisgau, Paris, Heidelberg, Berlin und schließlich in Köln. 1927 hatte er sich der KPD angeschlossen, trat aber nach einer Reise durch die Sowjetunion vier Jahre später wieder aus.

Die Nazis warfen ihn aus dem Öffentlichen Dienst. 1935 floh er aus der Haft in die Schweiz. Die Nazis bürgerten ihn aus, sein Doktortitel wurde ihm aberkannt. 1939 emigrierte er in die USA und war als Dozent an verschiedenen Hochschuleinrichtungen tätig. Als Oberstleutnant der US-Streitkräfte kehrte er 1946 nach Deutschland zurück und arbeitete einige Monate als Sektions- und Bürochef beim Hauptankläger für Kriegsverbrechen.

Bis 1974 lehrte und forschte Flechtheim am Otto-Suhr-Institut der Freien Universität in Westberlin.

Er war Gründungsmitglied und Vizepräsident der Internationalen Liga für Menschenrechte, Mitglied des PEN-Clubs und im Konzil der Friedensforscher sowie im Kuratorium der Deutschen Gesellschaft für Friedens- und Konfliktforschung. Aktiv unterstützte er die Internationale der Kriegsdienstgegner nicht nur durch seine Mitgliedschaft. Von 1952 bis 1962 war Flechtheim Mitglied der SPD, ab 1981 bei den Grünen.

Als ihm 1979 das Bundesverdienstkreuz verliehen werden sollte, lehnte er es in einem Schreiben an Bundespräsident Scheel ab. Zu viele Nazis hätten es auch bekommen.

Philipp Pless
geboren am 16. März 1906 in Frankfurt am Main
gestorben am 7. Dezember 1973 in Frankfurt am Main

Der gelernte Dreher war seit Gründung des KJVD bei den Jungkommunisten, 1927 trat er der KPD bei. In den innerparteilichen Auseinandersetzungen wurde er als »Versöhnler« ausgeschlossen. Er ging zur KPO, der Kommunistischen Partei – Opposition und gehörte deren Landesleitung in Hessen an. 1934 floh er vor den Nazis zunächst ins Saarland, von dort weiter nach Frankreich.

Nach dem Krieg kehrte er nach Frankfurt zurück, gründete mit anderen die Deutsche Journalisten-Union und arbeitete als Parlamentsberichterstatter. Nach den gescheiterten Versuchen der Gründung einer marxistischen Partei schloss er sich 1952 der SPD an.

Für die Partei saß Pless von 1958 bis 1972 im hessischen Landtag. Er war DGB-Landesvorsitzender und Ostermarschierer.

1971 lehnte er die Annahme des Bundesverdienstkreuzes mit Hinweis auf die vielen ehemaligen NSDAP-Mitglieder ab, die die Auszeichnung bereits trügen.

Horst-Eberhard Richter
geboren am 28. April 1923 in Berlin
gestorben am 19. Dezember 2011 in Gießen

Richter war Wehrmachtsoldat seit 1941 und desertierte 1945 in Italien. Nach dem Studium promovierte er 1949 als Dr. phil zum Thema »Die philosophische Dimension des Schmerzes«. Nach einer medizinischen Ausbildung machte er 1957 den Dr. med.

Richter arbeitete an verschiedenen Einrichtungen als Psychoanalytiker, Psychosomatiker und Sozialphilosoph, er veröffentlichte eine große Zahl an Publikationen und war Aktivist der Friedensbewegung. Unter anderem gründete er 1982 mit anderen die westdeutsche Sektion der »Internationale Ärzte für die Verhütung des Atomkrieges«, die Vereinigung erhielt für ihr Engagement 1985 den Friedensnobelpreis.

Während beider Irakkriege gehörte er zu den intellektuell tonangebenden Kritikern aus der Friedensbewegung. Die von Carl Friedrich von Weizsäcker so genannte »seelische Krankheit Friedlosigkeit« des Westens war für Richter seit 2007 Hauptthema seiner kulturpsychologischen Analysen in Reden und Schriften.

Das ihm angetragene Bundesverdienstkreuz hat Richter drei Mal mit der Begründung abgelehnt, dass »zu viele Altnazis« es erhalten hätten.

Heinrich Böll
geboren am 21. Dezember 1917 in Köln
gestorben am 16. Juli 1985 in Kreuzau-Langenbroich

Heinrich Böll kam aus einer kinderreichen, katholischen Kölner Familie. Er lernte Buchhändler und fing in den 20er Jahren zu schreiben an. 1939 begann er ein Germanistikstudium, sein erster Roman (»Am Rande der Kirche«) erschien. Nach Kriegsbeginn wurde er eingezogen, er blieb Soldat bis zum Schluss und kam im April 1945 in amerikanische Kriegsgefangenschaft. Er studierte und schrieb nach seiner Entlassung weiter. Seine ersten Kurzgeschichten erschienen ab 1947 in Zeitschriften. Als Mitglied der »Gruppe 47« veröffentlichte er in den 50er Jahren eine Reihe von Werken, die seinen Ruhm als bedeutender Schriftsteller begründeten.

1972 erhielt er den Nobelpreis für Literatur.

Als »geistiger Sympathisant« der RAF, als »intellektueller Helfershelfer des Terrors« wurde er von Konservativen und insbesondere von der Springer-Presse attackiert, die Polizei durchsuchte sein Haus. 1974 erschien Bölls bis heute wohl bekanntestes Werk (»Die verlorene Ehre der Katharina Blum«), in der er die Erfahrungen der letzten Jahre verarbeitete. Die Erzählung wurde in über 30 Sprachen übersetzt, verfilmt und allein in Deutschland fast sechs Millionen Mal verkauft.

Böll war auch in der Friedensbewegung der 70er und 80er Jahre sehr aktiv. Als ihm das Bundesverdienstkreuz verliehen werden sollte, lehnte er schriftlich bei Walter Scheel ab. Ihn störten, ließ er den Bundespräsidenten wissen, die vielen Nazis.

Irmela Mensah-Schramm

geboren 1945 in Stuttgart

Die in Berlin lebende Heilpädagogin und Menschenrechtsaktivistin wurde dadurch einer breiten Öffentlichkeit bekannt, weil sie seit 1986 rassistische, faschistische und antisemitische Aufkleber und Graffiti im Berliner Stadtbild dokumentiert und entfernt. Inzwischen hat sie bereits über 100 Ausstellungen zum Thema »Hass vernichtet« organisiert. Mehrere Verfahren wurden gegen sie eröffnet und wieder eingestellt, neben Gewaltandrohungen erhielt sie auch Morddrohungen.

Als sie 1992 ein Graffito »Türken vergasen« übermalte, attackierte sie ein Mitarbeiter des Wachschutzes der Berliner Verkehrsbetriebe. Sie stürzte auf den Hinterkopf und musste im Krankenhaus wegen eines Schädel-Hirn-Traumas behandelt werden. Der Wachmann erstattete Anzeige wegen Hausfriedensbruch, Sachbeschädigung und Körperverletzung.

Bereits seit den 70er Jahren ist Irmela Mensah-Schramm in der Flüchtlingsberatung bei *Amnesty International* aktiv. 1981 schloss sie sich den Grünen an.

1996 verlieh man ihr die Bundesverdienstmedaille, die sie aber vier Jahre später zurückgab, als der ehemalige SS-Mann, spätere NPD- und damals 78 Jahre alte CDU-Politiker Heinz Eckhoff aus Stade mit dieser Auszeichnung geehrt wurde.

Der Lehrer Jürgen Trentepohl aus Himmelpforten (Kreis Stade) lehnte die für ihn ebenfalls am 15. November 2000 vorgesehene Ehrung aus gleichem Grunde ab.

Lore Lorentz
geboren am 12. September 1920 in Mährisch-Ostrau
gestorben am 22. Februar 1994 in Düsseldorf

Nach dem Studium der Geschichte, Germanistik und Philosophie in Wien und Berlin und dem Krieg gründete sie mit ihrem Mann Kay Lorentz 1947 das erste deutsche Nachkriegskabarett: *Das Kom(m)ödchen* in Düsseldorf. Bis 1983 gehörte sie zum Ensemble des Hauses, danach bestritt sie Soloprogramme.

Lore Lorentz zählte zu den bedeutendsten Figuren des politisch-literarischen Kabaretts der Bundesrepublik. Ihre besondere Stärke waren der Sprechgesang und ein exzellentes Gefühl für Timing – kunstvoll gesetzte Pausen in den Texten. Hin und wieder sind im Fernsehen Mitschnitte von Auftritten zu sehen, die ihre Einmaligkeit unterstreichen.

1976 sollten Lore Lorentz und ihr Mann das Bundesverdienstkreuz erhalten. Beide lehnten die Annahme aus politischen Gründen ab.

Florence Hervé

geboren am 17. April 1944 in Boulogne sur Seine

Die deutsch-französische Journalistin, Zeithistorikerin und Frauenrechtlerin hatte in Bonn, Heidelberg und Paris Germanistik studiert und 1976 mit dem Staatsexamen und der Promotion abgeschlossen. Seit 1969 arbeitet sie freiberuflich, unter anderem für *Reformé, Deutsche Volkszeitung, Frankfurter Rundschau, Kölner Stadt-Anzeiger* und die *junge Welt*. Bekannt wurde sie insbesondere als Mitherausgeberin der Zeitschrift und des seit 1979 jährlich aufgelegten »Frauenkalenders« (»Wir Frauen«). Politisch engagierte sie sich in der DKP.

Als ihr 2014 das Bundesverdienstkreuz am Bande verliehen werden sollte, lehnte die in Düsseldorf und in der Bretagne lebende Hervé ab. Sie ließ zur Begründung Bundespräsident Gauck wissen:

»Eine unzureichende Aufarbeitung der Nazivergangenheit, eine nicht konsequente Bekämpfung des offenen und latenten Neonazismus und Rassismus und eine unzureichende Anerkennung des antifaschistischen Widerstands – über den 20. Juli 1944 und die Weiße Rose hinaus – kennzeichnen leider weiterhin die Politik und das Geschichtsverständnis der Bundesrepublik. Würde ich die Auszeichnung annehmen, befände ich mich zudem in einer Reihe mit solchen früheren Preisträgern, die Nazis bzw. Nazitäter waren. Soweit mir bekannt ist, wurde bis auf eine Ausnahme keinem von ihnen nachträglich das Verdienstkreuz aberkannt. Das wäre im übrigen ein leicht machbares Unterfangen, das zudem der Geschichtsaufarbeitung diente.«

Außerdem verwies Hervé darauf, dass sie nicht den Eindruck erwecken wolle, ihren Frieden mit dem herrschenden System gemacht zu haben.

Georg Meusel

geboren am 12. Januar 1942 in Moritzburg bei Dresden

Der Pastorensohn und Wehrdienstverweigerer absolvierte eine Gärtnerlehre und eine Ausbildung als Elektromonteur. 1980 erlitt er einen Arbeitsunfall und wurde 1984 invalidisiert. Im Herbst 1989 gehörte er zu den Organisatoren des Runden Tisches in Werdau. Im Januar 1990 gründete er das *Werdau-Crimmitschauer Wochenblatt* und 1998 das Martin-Luther-King-Zentrum für Gewaltfreiheit und Zivilcourage – Archiv der Bürgerbewegung Südwestsachsens e. V. in Werdau.

Für sein bürgerrechtliches Engagement verlieh ihm Bundespräsident Roman Herzog 1998 das Bundesverdienstkreuz.

Meusel schickte im Sommer 2014 den Orden zurück. Als Pazifist protestierte er damit gegen die Forderung von Bundespräsident Gauck, Deutschland möge sich in der Welt auch stärker militärisch engagieren. Dieser hatte zuerst bei der Münchener Sicherheitskonferenz am 31. Januar 2014 mehr deutsches Engagement in internationalen Konflikten gefordert und dabei militärische Einsätze ausdrücklich nicht ausgeschlossen. Meusel schrieb in seinem Brief, er sehe durch die Äußerungen die Menschen diskreditiert, »die nicht wieder ihre Söhne oder Töchter für Militäreinsätze opfern wollen«. Zudem vermisse er die Stimme des Bundespräsidenten, wenn es um die Verteilung von Geldern geht, bei der der Zivile Friedensdienst wesentlich weniger bekomme als der Militäretat.

Übersichten

Sonderstufe des Großkreuzes

Getúlio Vargas, Brasilien, am 20. Mai 1953
Manuel A. Odria, Peru, am 20. Juli 1953
Juan Perón, Argentinien, am 25. August 1953
Gustavo Rojas Pinilla, Kolumbien, am 30. Oktober 1953
Carlos Ibáñez del Campo, Chile, am 21. November 1953
Luigi Einaudi, Italien, am 2. Januar 1954
Paul I. von Griechenland, am 8. März 1954
Marcos Pérez Jiménez, Venezuela, am 15. April 1954
Adolfo Ruiz Cortines, Mexiko, am 11. Juni 1954
Celâl Bayar, Türkei, am 12. Juni 1954
Haile Selassie, Äthiopien, am 6. November 1954
José María Velasco Ibarra, Ecuador, am 11. November 1954
Andrés Martínez Trueba, Uruguay, am 13. November 1954
Oscar Osorio, El Salvador, am 29. Dezember 1954
Víctor Paz Estenssoro, Bolivien, am 30. Dezember 1954
Ásgeir Ásgeirsson, Island, am 3. Januar 1955
Seán Ó Ceallaigh, Irland, am 25. Februar 1955
Mohammad Reza Pahlavi, Iran, am 27. Februar 1955
Soraya Esfandiary Bakhtiari, Iran, am 27. Februar 1955
Hector B. Trujillo Molina, Dominikanische Republik, am 22. März 1955
Paul Eugène Magloire, Haiti, am 10. Dezember 1955
Juscelino Kubitschek, Brasilien, am 10. April 1956
Friederike von Griechenland am 8. Mai 1956
Giovanni Gronchi, Italien, am 18. Juli 1956
William S. Tubman, Liberia, am 5. Oktober 1956
Antoinette Tubman, Liberia, am 5. Oktober 1956
Theodor Körner, Österreich, am 17. Oktober 1956
Carla Gronchi, Italien, am 3. Dezember 1956

Fulgencio Batista, Kuba, am 28. Mai 1957
Adolf Schärf, Österreich, am 11. Juni 1957
Manuel Prado y Ugarteche, Peru, am 29. Juli 1957
Elisabeth II., Großbritannien, am 29. September 1958
Juliana der Niederlande am 24. November 1969
Bernhard der Niederlande am 24. November 1969
Nicolae Ceaușescu, Rumänien, am 17. Mai 1971
Josip Broz Tito, Jugoslawien, am 24. Juni 1974
Juan Carlos I., Spanien, am 19. April 1977
Taufa'ahau Tupou IV., Tonga, am 2. Dezember 1977
Silvia von Schweden am 20. März 1979
Beatrix der Niederlande am 1. März 1983
Claus der Niederlande am 1. März 1983
Birendra, Nepal, im Oktober 1986
Harald V., Norwegen, am 18. April 1994
Hassanal Bolkiah, Brunei, am 30. März 1998
Hamad bin Chalifa Al Thani, Katar, am 27. Mai 1999
Michail Gorbatschow, Russland, am 7. November 1999
Eduard Schewardnadse, Georgien, 1999
Süleyman Demirel, Türkei, am 6. April 2000
Václav Havel, Tschechien, 2000
Árpád Göncz, Ungarn, 2000
Tarja Halonen, Finnland, am 10. September 2001
Abdullah II. bin al-Hussein, Jordanien am 21. Oktober 2002
Rania von Jordanien, Jordanien, am 21. Oktober 2002
Marc Ravalomanana, Madagaskar am 7. April 2006
John Agyekum Kufuor, Ghana, 2008
Sabah al-Ahmad al-Dschabir as-Sabah, Kuwait, am 27. April 2010
Miloš Zeman, Tschechien, 2014

Träger der Sonderstufe des Großkreuzes sind auch alle Bundespräsidenten der Bundesrepublik Deutschland ohne Verleihungsurkunde als Amtsinsignie zum Amtsantritt.

Theodor Heuss (1952 mit Stiftung des Verdienstordens)
Heinrich Lübke (1959)

Gustav Heinemann (1969)
Walter Scheel (1974)
Karl Carstens (1979)
Richard von Weizsäcker (1984)
Roman Herzog (1994)
Johannes Rau (1999)
Horst Köhler (2004)
Christian Wulff (2010)
Joachim Gauck (2012)

Großkreuz in besonderer Ausführung

Konrad Adenauer, Bundeskanzler (31. Januar 1954)
Helmut Kohl, Bundeskanzler (26. Oktober 1998)

Großkreuz

Hermann Josef Abs, Bankier (1988)
Augustin Bea, Kardinal (1960)
Kurt Beck, Politiker (2004)
Berthold Beitz, Industrieller (1987)
Ernst Benda, Verfassungsrichter (1983)
Anton Benya, österreichischer Politiker (1975)
Karl Bernard, Vorsitzender des Zentralbankrates der Bank Deutscher Länder (1957)
Karl Blessing, Chef der Deutschen Bundesbank (1965)
Holger Börner, Politiker (1987)
Heinrich von Brentano, Politiker (1955)
Fritz Catta, Politiker (FDP) (1956)
Wesley Clark, US-amerikanischer General
Lucius D. Clay, US-amerikanischer General (1965)
Wim Duisenberg, Präsident der Europäischen Zentralbank (2002)
Theodor Rudolf Georg Eschenburg, Politikwissenschaftler (1986)
Hans Filbinger, Politiker
Hans-Georg Gadamer, Philosoph (1993)
Karl Geiler, Politiker (1952)
Hans Globke, Staatssekretär (1963)
Otto Hahn, Kernchemiker (1959)
Luise Herklotz, Politikerin (1973)
Mehdi Jomaâ, tunesischer Politiker (2015)
Jean-Claude Juncker, luxemburgischer Politiker (2013)
Roland Koch, Politiker (2011)
Norbert Lammert, Politiker (2007)

Georg Leber, Politiker (1976)
Richard Lehners, Politiker (1966)
Johannes Lilje, Landesbischof
Paul Löbe, Politiker (1951)
Yehudi Menuhin, Geiger und Dirigent (1997)
Angela Merkel, Politikerin (2008)
Wolfgang Mischnick, Politiker
Martin Niemöller, Theologe
Karl Olfers, Politiker (1954)
Werner Otto, Unternehmer (2001)
Hans-Jürgen Papier, Bundesverfassungsrichter (2010)
Walter Picard, Politiker (CDU) (1984)
Joseph Ratzinger, Kardinal (1994)
Annemarie Renger, Politikerin (1974)
Otto H. Schiele, Industriemanager (1996)
Helmut Schlesinger, Präsident der Deutschen Bundesbank (1993)
Carlo Schmid, Politiker (1955)
Elisabeth Schwarzhaupt, Politikerin (1965)
Lothar Späth, Politiker (1989)
Dolf Sternberger, Politologe (1990)
Edmund Stoiber, Politiker (2004)
Franz Josef Strauß, Politiker (1958)
Erwin Teufel, Politiker (2004)
Franz Thoma, österreichischer Politiker (1959)
Bernhard Vogel, Politiker (1976)
Hermann Volk, Bischof von Mainz (1975)
Herbert Wehner, Politiker (1973)
Pierre Werner, luxemburgischer Politiker (1959)
Otto Wolff von Amerongen, Industrieller (2000)
Franz-Josef Wuermeling, Politiker (1958)

Großes Verdienstkreuz mit Stern und Schulterband

A

Wolfgang Altenburg, General (1989)
Charles Joseph Alter, Erzbischof von Cincinnati, Vorsitzender der amerikanischen Bischofskonferenz (1953)
Bernard Andreae, Archäologe (2008)

B

Francesco Babuscio Rizzo, Botschafter (1954)
Wolf Graf von Baudissin, General, Friedensforscher (1967)
Pina Bausch, Tänzerin und Choreografin (1997)
Rudolf Beckmann, Unternehmer und Politiker (1973)
Johannes Georg Bednorz, Physiker, Nobelpreisträger (1988)
Berthold Beitz, Unternehmer, Sportfunktionär (1979)
Lennart Bernadotte, Präsident der Deutschen Gartenbau Gesellschaft, Besitzer der Blumeninsel Mainau (1958)
Wolf Biermann, Liedermacher und Lyriker (1986)
Philipp von Bismarck, Politiker, Vorsitzender des Wirtschaftsrates der CDU (1991)
Wolfgang Böhmer, Ministerpräsident Sachsen-Anhalt (2007)
Karl Branner, Oberbürgermeister (1990)
Hans Brox, Richter des Bundesverfassungsgerichts (1975)
Vicco von Bülow (Loriot), Humorist (1998)
Brun-Otto Bryde, Richter des Bundesverfassungsgerichts (2011)

C

Peter Harry Carstensen, Politiker (2013)

D

Max Danz, Vorsitzender des Deutschen Leichtathletikverbandes (1989)
Karl Josef Denzer, Landtagspräsident Nordrhein-Westfalen (1990)

Udo Di Fabio, Richter am Bundesverfassungsgericht (2011)
Günter Diehl, Diplomat (1986)

E

Erwin Josef Ender, Nuntius in Deutschland (2007)
Mohammed el-Baradei, Generaldirektor der Internationalen Atomenergieorganisation (IAEO) und Friedensnobelpreisträger (2010)

F

Josef Felder, Politiker (1990)
Artur Fischer, Unternehmer und Erfinder (2006)
Adolf Flecken, Politiker (1957)
Friedrich Flick, Unternehmer (1963)
Manuel Fraga Iribarne, spanischer Politiker (1969)
Wolfgang Frühwald, Literaturwissenschaftler (2010)
Jockel Fuchs, Politiker, Oberbürgermeister von Mainz (1987)

G

Reinhard Gehlen, Generalmajor, erster Präsident des Bundesnachrichtendienstes (BND) (1968)
Hans-Dietrich Genscher, Politiker (1975)
Johannes Gerster, Politiker, Leiter der Konrad-Adenauer-Stiftung in Israel (1999)
Günther Granser, Präsident des International Council der OIER (1998)
Dieter Grimm, Richter des Bundesverfassungsgerichts (1999)

H

Karl Haager, Richter am Bundesverfassungsgericht (1979)
Evelyn Haas, Richterin des Bundesverfassungsgerichts (2006)
Otto Hahn, Kernchemiker, Nobelpreisträger 1944 (1954)
Hildegard Hamm-Brücher, Politikerin (1993)
Wilhelm Hausenstein, Diplomat (1952)
Karl Heck, Richter am Bundesverfassungsgericht (1965)
Werner Heisenberg, Physiker und Nobelpreisträger (1964)

Anton Henneka, Richter am Bundesverfassungsgericht (1968)
Franz Hengsbach, Kardinal, erster Bischof von Essen (1973)
Karl Herz, Staatssekretär (1963)
Adolf Heusinger, General, erster Generalinspekteur der Bundeswehr (1963)
Christine Hohmann-Dennhardt, Richterin (2011)
Wolfgang Hoffmann-Riem, Richter am Bundesverfassungsgericht (2008)
Wildor Hollmann, Sportmediziner (2000)
Wolfgang Huber, ev. Bischof (2007)
Dieter Hundt, Unternehmer und BDA-Präsident (2007)
Rudolf Hüttebräuker, Politiker und Staatssekretär (1966)

J

Gerhard Jahn, Bundesjustizminister (1984)
Hans-Joachim Jentsch, Richter des Bundesverfassungsgerichts (2006)
Jean-Claude Juncker, luxemburgischer Politiker (1988)
Ernst Jünger, Autor (1985)

K

Hugo Karpf, Politiker (1991)
Walter Kasper, Kardinal (2004)
Hans Katzer, Politiker (CDU) (1973)
Wolfgang Ketterle, Physiker und Nobelpreisträger (2001)
Paul Kirchhof, Juraprofessor, Richter am Bundesverfassungsgericht (1999)
Roland Koch, Ministerpräsident von Hessen (2007)
Erich Köhler, Bundestagspräsident (1957)

L

Giovanni Lajolo, Apostolischer Nuntius in Deutschland (2003)
Julius von Lautz, saarländischer Innen- und Justizminister (1967)
Georg Leber, Bundesminister (1973)

Eugen Leibfried, baden-württembergischer Minister für Ernährung, Landwirtschaft, Weinbau und Forsten (1962)
Karl Lehmann, Kardinal und Bischof von Mainz (2001)
Irene Ludwig, Kunst-Mäzenin (2007)
Peter Ludwig, Industrieller, Kunst-Mäzen (1992)
Günter Luther, Admiral (1982)

M

Heinz Maier-Leibnitz, Kernphysiker, Präsident der Deutschen Forschungsgemeinschaft (1991)
Kurt Masur, Dirigent und Orchesterleiter (2007)
David D. McKiernan, amerikanischer General, Kommandeur US Army Europe (2008)
Joachim Meisner, Kardinal und Erzbischof von Köln (2003)
Georg Meistermann, Maler, Zeichner und Graphiker (1990)
Andreas Meyer-Landrut, Diplomat (2002)
Peter Müller, Ministerpräsident des Saarlandes (2007)

N

Tyll Necker, Präsident des BDI (1990)
Engelbert Niebler, Richter des BVG (1987)
Christiane Nüsslein-Volhard, Entwicklungsbiologin und Nobelpreisträgerin (2003)

O

Walter Odersky, Präsident des Bundesgerichtshofs (1996)
Albert Osswald, Hessischer Ministerpräsident (1975)
Lerke Osterloh, Richterin (2010)

P

Wolfgang Paul, Physiker, Nobelpreisträger (1989)
Matthias Platzeck, Politiker (2011)
Hans-Gert Pöttering, Präsident des EU-Parlaments (2010)
Avi Primor, israelischer Diplomat und Publizist (2003)
Martin Purtscher, österreichischer Politiker, Landeshauptmann von Vorarlberg (1996)

R

Konrad Raiser, evangelischer Theologe (2004)
Joseph Ratzinger, Kardinal (1985)
Kurt Rebmann, Generalbundesanwalt (1990)
Janusz Reiter, polnischer Diplomat (1995)
Harald Ringstorff, Ministerpräsident von Mecklenburg-Vorpommern (2007)
Manfred Rommel, Oberbürgermeister von Stuttgart (1996)
Joachim Rottmann, Honorarprofessor, Richter des Bundesverfassungsgerichts (1983)
Heinz Rühmann, Schauspieler (1972)
Friedrich Ruge, Inspekteur der Bundesmarine und Militärschriftsteller (1961)

S

Grete Schickedanz, Unternehmerin (1991)
Karl Schiller, Ökonom, Bundesminister (1991)
Peter Schmidhuber, Bundespolitiker, EU-Kommissar (1995)
Erich Schneider, Politiker (1992)
Ernst Schneider, Unternehmer, Verbandsfunktionär (1969)
Josef Schneider, Erzbischof des Erzbistums Bamberg (1960)
Otto Seidl, Jurist, Vizepräsident des BVG (1998)
Hans Speidel, General
Friedrich Spennrath, Regierungsbeamter
und Industriemanager (1956)
Helmut Steinberger, Vizepräsident des Schiedsgerichtshofs der OSZE, Richter des Bundesverfassungsgerichts (1987)
Udo Steiner, Richter des Bundesverfassungsgerichts (2007)
Fritz Stern, deutsch-amerikanischer Historiker (2006)
Georg Sterzinsky, Erzbischof von Berlin, Kardinal (2000)

T

Christine Teusch, Kultusministerin in NRW (1956)
Rudolf Titzck, Innen- und Finanzminister in Schleswig-Holstein (1984)

V

Heinrich Vockel, Wirtschaftspolitiker (1957)
Wilhelm Vorwerk, Unternehmer und Präsident der IHK Wuppertal (1959)

W

Friedrich Wilhelm Wagner, Reichstags- und Bundestagsabgeordneter (SPD), Vizepräsident des Bundesverfassungsgerichts (1964)
Helene Weber, Politikerin (Zentrum, CDU) (1961)
Gerhard Weiser, baden-württembergischer Landwirtschaftsminister (1997)
Hans Weiß, Politiker (CSU), Präsident des Bayerischen Senats von 1982 bis 1993 (1984)
Carl Friedrich von Weizsäcker, Physiker, Philosoph und Friedensforscher (1973)
Dieter Wellershoff, Admiral (1993)
Heinrich Welsch, Politiker
Friedrich Wetter, Kardinal und Erzbischof von München und Freising, Vorsitzender der bayerischen Bischofskonferenz (1993)
Bernhard Worms, Politiker (CDU), Staatssekretär a. D. (1995)
Klaus Wowereit, Politiker (2011)

Z

Konrad Zuse, Bauingenieur und Unternehmer, Erfinder des ersten voll funktionsfähigen frei programmierbaren Rechners (1995)

Großes Verdienstkreuz mit Stern

A

Claudio Abbado, italienischer Dirigent (2002)
Eduard Adorno, Politiker (CDU) (1980)
Kurt Aland, Theologe (1983)
Horst Albach, Ökonom (2001)
Hans Albrecht, Forstmann und Politiker (FDP) (1989)
Wilhelm Albrecht, Sanitätsoffizier (1967)
Hans Arp, deutsch-französischer Maler, Bildhauer und Lyriker (1966)

B

Max Bach, Verleger
Wilhelm Backhaus, Pianist (1969)
Paul B. Baltes, Gerontologe (2001)
Władysław Bartoszewski, polnischer Politiker, Historiker und Publizist (1997)
Walther Bauersfeld, Ingenieur und Physiker, Konstrukteur des ersten Planetariums
Bagnou Beido, nigrischer Offizier und Politiker (1983)
Rudolf Belling, Bildhauer (1972)
Schalom Ben-Chorin, Journalist und Schriftsteller (1993)
Theodor Berchem, Sprachwissenschaftler und Präsident des Deutschen Akademischen Austauschdienstes (2007)
Ludwig Berger, Regisseur (1966)
Karl Bernard, Vorsitzender des Zentralbankrates der Bank Deutscher Länder (1955)
Heinz Bethge, Physiker, Präsident der Deutschen Akademie der Naturforscher Leopoldina (1992)
Josef Beyerle, Politiker (1951)
Marianne Birthler, Politikerin (Bündnis 90/Die Grünen), Bundesbeauftragte für die Unterlagen des Staatssicherheitsdienstes der DDR (2011)
Leo Blech, Dirigent (1956)
Karlheinz Böhm, österreichischer Schauspieler (2001)

Carl Friedrich Wilhelm Borgward, Unternehmer (1960)
Egidius Braun, Fußballfunktionär (1997)
Otto Braun, Unternehmer und Politiker
Otto Bredt, Wirtschaftsprüfer (1968)
Rainer Brüderle, Politiker (FDP) (2013)
Friedrich Brünner, Politiker (CDU)
Aenne Burda, Verlegerin (1974)
Hubert Burda, Verleger (2008)
Walter Burkert, Klassischer Philologe (2008)
Theodor Busse, General (1966)
Peter von Butler, General

C

August Claas, Unternehmer (1962)
Ludwig Curtius, Archäologe (1952)

D

Eberhard Daerr, Inspekteur der Bundeswehr (1972)
Carl Dahlhaus, Musikwissenschaftler
und Hochschullehrer (1985)
Hanns Dahn, Rechtsanwalt (1968)
Lorraine Daston, Wirtschaftshistorikerin
und Hochschullehrerin (2010)
Johannes J. Degenhardt, Erzbischof von Paderborn (1993)
Heinz-Horst Deichmann, Unternehmer (2006)
Günter Diehl, Diplomat (1975)
Hermann Dietrich, Politiker (DDP) (1952)
Fritz Dietz, Kaufmann (1968)
Claude Dornier, Flugzeugkonstrukteur, Unternehmer (1964)
Herbert Dröse, Oberbürgermeister (1978)

E

Gerhard Erdmann, Hauptgeschäftsführer des BDA (1967)
Gerhard Ertl, Physiker und Oberflächenchemiker (2008)
Josef van Ess, Islamwissenschaftler (2010)
Heinrich Ewers, Richter an der römischen Rota (1983)

F

Georg Fahrbach, Schwäbischer Albvereins (1973)
Walther Florian, Staatssekretär (1987)
Wolfgang Fortner, Komponist (1977)
Hippolyt Poschinger von Frauenau, Politiker (1973)
Göke Frerichs, Politiker (CDU), Präsident des Europäischen Wirtschafts- und Sozialausschusses
Joseph Freundorfer, Bischof von Augsburg (1960)
Ingeborg Friebe, Politikerin (2011)
Wolfgang Frühwald, Literaturhistoriker (2005)
Horst Fuhrmann, Historiker (1986)

G

Lothar Gall, Historiker, Präsident der Historischen Kommission bei der Bayerischen Akademie der Wissenschaften
Joachim Gauck, Bundesbeauftragter (2000)
Walter Gehring, Molekular- und Entwicklungsbiologe (2010)
Georg Geiger, Politiker und Verbandsfunktionär (1969)
Ingeborg Geisendörfer, Politikerin (CSU) (1987)
Wolfgang von Geldern, Politiker (CDU) und Jurist (2000)
Heinrich Gerlach, Admiral (1966)
Walther Gerlach, Physiker (1970)
Johannes Gerster, Politiker (CDU) (1999)
Heinrich Gottron, Dermatologe, Hochschullehrer (1966)
Alois Glück, Politiker (2008)
Adolf Grimme, Pädagoge und Kulturpolitiker (1954)
Durs Grünbein, Lyriker, Essayist und Übersetzer (2009)
Peter Grünberg, Physiker (2008)
Hubertus Grunhofer, Inspekteur des Sanitäts- und Gesundheitswesens der Bundeswehr (1982)
Romano Guardini, katholischer Theologe und Religionsphilosoph (1965)

H

Karl Ritter von Halt, Sportfunktionär (1956)
Carter F. Ham, US-amerikanischer General (2012)

Theodor W. Hänsch, Physiker (2006)
Hans Hansen, Präsident des Deutschen Sportbundes (1993)
Hans C. W. Hartmuth, Unternehmer (1972)
Harald zur Hausen, Mediziner (2009)
Günter Heidecke, Jurist und Verwaltungsbeamter (1985)
Fritz Heine, Politiker (SPD), Verleger (1990)
Rudolf Hell, Erfinder (1980)
Walter Henkels, Journalist (1984)
Friedrich Hirzebruch, Mathematiker (1993)
Anton Hockelmann, Handwerksfunktionär (1969)
Hilmar Hoffmann, Kulturpolitiker (1990)
Herbert van Hüllen, Krefelder Oberbürgermeister und Vorsitzender des Arbeitgeberverbands Gesamtmetall (1975)

I
Erich Iltgen, Politiker (CDU) (2009)

J
Rudolf Jaenisch, Molekularbiologe (2010)
Eberhard Jüngel, evangelischer Theologe

K
Hans Katzer, Politiker (CDU), Bundesarbeitsminister (1969)
Eugen Keidel, Oberbürgermeister von Freiburg/Breisgau
Walter Kempowski, Schriftsteller (2006)
Jochen Kirchhoff, Arbeitgeberfunktionär (2008)
Theodor Klauser, katholischer Theologe (1974)
Carlos Kleiber, Dirigent (1980)
Albert Klein, Bischof der Evangelisch-Lutherischen Kirche A.B. in Siebenbürgen/Rumänien (1988)
Charlotte Knobloch, Präsidentin des Zentralrats der Juden in Deutschland (2010)
Carl Knott, Direktor der Siemens-Schuckert-Werke
Claus Köhler, Volkswirt (1990)
Bernhard Kötting, Wissenschaftsfunktionär (1984)
Otto Konz, Wasserbauingenieur (1958)

Alfred Krause, Deutscher Beamtenbund (1987)
Heinrich Kron, ev. Theologe, Kirchenpräsident (1988)
Helmut R. Külz, Jurist, Richter, Hochschullehrer (1968)
Anton Kurze, Verwaltungsbeamter (1976)

L

Gerhard Lapp, Bundespostministerium
Georg Leber, Politiker (1969)
Gertrud von Le Fort, Schriftstellerin (1966)
Berthold Leibinger, Erfinder, Unternehmer, Mäzen (2007)
Herbert Lewin, Vorsitzender des Zentralrats der Juden
Richard Löwenthal, Politologe und Journalist (1983)
Irene Ludwig, Kunst-Mäzenin (1998)

M

Yuri Manin, Hochschullehrer (2008)
Max Mannheimer, Buchautor und Maler (2012)
Kurt Mantel, Forstwissenschaftler (1975)
Helmut Maucher, Manager (1997)
Josef Clemens Kardinal Maurer CSsR, katholischer Theologe und Erzbischof von Bolivien (1955)
Boris Meißner, deutsch-baltischer Rechtswissenschaftler (1996)
Heinrich G. Merkel, Zeitungs- und Buchverleger (1980)
Alex Meyer, Rechtswissenschaftler, Luftrechtsexperte (1969)
Lilo Milchsack, Gründerin der Gesellschaft für kulturellen Austausch mit England (1985)
Philipp Möhring, Rechtsanwalt am Bundesgerichtshof (1970)
Klaus Peter Möller, Politiker (CDU) (2003)
Herta Müller, Schriftstellerin (2010)
Armin Mueller-Stahl, Schauspieler (2008)
Karl Münchinger, Dirigent (1970)
Klaus Murmann, Arbeitgeberfunktionär (1992)

N

Heinz Nehrling, Volkswirt und Politiker (SPD)
Maria Niggemeyer, Politikerin (CDU) (1956)

Alfons Nossol, Erzbischof, Bischof von Opole (2009)
Robert Nünlist, Kommandant der Päpstlichen Schweizergarde (1969)

O

Johannes Oppenheimer, Vizepräsident des Bundesverwaltungsgerichtes
Michael Otto, Unternehmer (2006)

P

David Petraeus, US-General und Direktor der CIA (2012)
Filippos Petsalnikos, griechischer Politiker (2009)
Robert Pferdmenges, Bankier und Politiker (1954)
Reinfried Pohl, Vorstandsvorsitzender Deutsche Vermögensberatung (2007)

R

Paul Raabe, Bibliothekar (1997)
Günther Rall, Bundeswehrgeneral (1973)
Kurt Rebmann, Generalbundesanwalt (1984)
Marcel Reich-Ranicki, Publizist, Literaturkritiker (2003)
Wilhelm Reissmüller, Herausgeber des *Donaukurier*
Aribert Reimann, Komponist (1995)
Hans Reschke, Oberbürgermeister von Mannheim (1972)
Hermann Reusch, Industrieller (1956)
Horst Ludwig Riemer, Politiker (FDP)
Fritz Ries, Industrieller (1972)
Helmuth Rilling, Kirchenmusiker und Dirigent (2014)

S

Günther Saßmannshausen, Geologe und Manager
Alois Schlögl, Landwirtschaftsfunktionär und Politiker
Peter Schmidhuber, Politiker (CSU), EU-Kommissar (1986)
Gerhard Schorsch, Neurologe und Psychiater (1967)
Hanns Christian Schroeder-Hohenwarth, Bankier (1994)
Louise Schroeder, Politikerin (1952)

Bruno H. Schubert, Mäzen (1990)
Emil Schumacher, Maler (1983)
Rolf Schwarz-Schütte, Unternehmer und Mäzen (2011)
Hans Schweitzer, Politiker (1987)
Ernst Schröder, Politiker (DVP, FDP) (1959)
Josef Seifried, Politiker (SPD), Innenminister Bayerns (1956)
Rudolf Seiters, Politiker (CDU), Bundesinnenminister (1995)
Heinz Sielmann, Tierfilmer und Publizist (1997)
László Sólyom, Präsident Ungarns (1998)
Julius Speer, Forstwissenschaftler (1973)
Werner Spies, Kunsthistoriker (2009)
Steven Spielberg, Filmregisseur (1998)
Hermann Josef Spital, Bischof von Trier (2003)
Eduard Spranger, Philosoph, Pädagoge und Psychologe (1952)
Friede Springer, Verlegerin (2008)
Hans Peter Stihl, Unternehmer (2002)
Carl Strehl, Mitgründer und Direktor der Deutschen Blindenstudienanstalt (1966)
Robert Strobel, Journalist und Rechtswissenschaftler (1988)
Peter Struck, Politiker (2010)
Fritz Sureth, Politiker (1965)

T

Max Tau, Humanist, Lektor und Schriftsteller (1967)
Paul Tillich, evangelischer Theologe (1961)
Rudolf Titzck, Politiker (1979)
William H. Tunner, US-General, Organisator der Berliner Luftbrücke (1982)

U

Günther Uecker, Künstler (2001)
Andreas Urschlechter, Oberbürgermeister von Nürnberg

V

Max Vasmer, Slawist (1958)
Wilhelm Vorndran, Politiker (CSU)

W

Karl Willy Wagner, Nachrichtentechniker (1953)
Wolfgang Wagner, Regisseur (2005)
Helmut Walcha, Organist (1987)
Wilhelm Ernst Wenders, Filmregisseur (2006)
Hermann Wenzel, Industrieller
Kurt Werner, Unternehmer (1990)
Rudolf Wild, Unternehmer (1989)
Hans Wimmer, Bildhauer (1967)
Thomas Wimmer, Münchner Oberbürgermeister (1959)
Ernst-Ludwig Winnacker, Biochemiker (2010)
Richard Winkels, Politiker und Sportfunktionär (1983)
Hans Günter Winkler, Springreiter (2008)
Wilhelm Winterstein, Bankier und Mäzen (2004)

Z

Anton Zeilinger, Physiker (2009)
John van Nes Ziegler, Kölner Oberbürgermeister (1991)
Robert Zollitsch, Erzbischof des Erzbistum Freiburg und Vorsitzender der Deutschen Bischofskonferenz (2014)
Carl Zuckmayer, Dichter (1955)

Großes Verdienstkreuz

A

Nermin Abadan-Unat, Wissenschaftlerin (1979)
August Adenauer, Jurist (1952)
Mario Adorf, Schauspieler (2001)
Hans Albers, Schauspieler (1960)
Hermann Aldinger, General (1966)
Gerhardt Alleweldt, Weinbauexperte (1995)
Axel von Ambesser, Autor, Regisseur, Schauspieler (1985)
Armgard von Alvensleben, Äbtissin und Hauptgeschäftsführerin der Evangelischen Deutschen Bahnhofsmission (1959)
Alois Ammerschläger, Unternehmer (1990)
Stefan Andres, Schriftsteller (1958)
Matthias Andresen, Politiker (CDU) (1968)
Thomas Andresen, Politiker (1968)
Carl-Christian Arfsten, Politiker (CDU) (1957)
Gottfried Arnold, Politiker (CDU) (2008)
Albrecht Aschoff, Politiker (FDP) (1971)
Rudolf Augstein, Verleger (1997)

B

Egon Bahr, Politiker (SPD) (1973)
Alexander von Branca, Architekt und Heimatpfleger (1999)
Arnulf Baring, Publizist (2011)
Heinrich Bartmann, Architekt und Hochschullehrer (1965)
Reinhold Michael Baumstark, Kunsthistoriker und Museumsdirektor (2011)
Augustin Kardinal Bea, Kurienkardinal (1954)
Hans-Georg Beck, Byzantinist und Theologe (1981)
Franz Beckenbauer, Fußballspieler, Sportfunktionär (2006)
Karl Eugen Becker, Ingenieur (1998)
Otto Beisheim, Kaufmann und Unternehmer (1994)
Else Beitz, Erziehungswissenschaftlerin (2012)
Richard Benz, Germanist und Schriftsteller (1959)
Heiner Berger, Oberstadtdirektor von Aachen (1996)
Karl Bergmann, Politiker (SPD) (1968)
Fritz Beske, Gesundheitspolitiker (2012)
Hans Beutz, Politiker (1972)
Richard Bieling, Mediziner und Hochschullehrer (1958)
Wolf Biermann, Liedermacher und Lyriker (2007)
Stephan Billinger, Politiker (Bayernpartei) (1957)
Hermann Bitter, Politiker (1969)
Peter Heinrich von Blanckenhagen, deutsche-amerikanischer Archäologe und Kunsthistoriker (1981)

Sepp Blatter, Schweizer Fußballfunktionär (2006)
Herbert Blomstedt, Dirigent (2003)
Hans Erhard Bock, Mediziner und Hochschullehrer (1973)
Philipp Freiherr von Boeselager, Widerstandskämpfer (1989)
Rolf Böhme, Oberbürgermeister von Freiburg (2005)
Rudolf Bohnstedt, Dermatologe (1968)
Curt Bois, Schauspieler (1991)
Helmut Bonheim, Anglist und Hochschullehrer
Gustav Borgner, Konsumgenossenschafter (1954)
Rolf Boysen, Schauspieler (2009)
Bruno Braun, Unternehmer und Hochschullehrer (2015)
Leo Brawand, Journalist (1988)
Hellmut Bredereck, Chemiker und Hochschullehrer (1969)
Julius Bretz, Maler (1953)
Herbert Britz, Ärztefunktionär, Politiker
Christoph Broelsch, Mediziner (2004)
Elmar Brok, Politiker (2009)
Dietrich Bruckmann, Unternehmer (1955)
Martin Brüns, Politiker (1966)
Margarete Buber-Neumann, Publizistin (1980)
Ignatz Bubis, Vorsitzender des Zentralrats der Juden in Deutschland (1996)
Emil Bücherl, Herzchirurg (1984)
Carl-Ernst Büchting, Agrarwissenschaftler und Unternehmer (1991)
Wilhelm Bühler, Politiker und Landrat (1989)
Hans-Jörg Bullinger, Arbeitswissenschaftler (2006)
Hubert Burda, Kunsthistoriker und Verleger (2002)
Alfred Burgemeister, Politiker (1968)

C

Raban Freiherr von Canstein, Brigadegeneral (1966)
Jose Carreras, Opernsänger (2004)
August Claas, Unternehmer (1957)
Josef Clemens, Titularbischof, Sekretär des Päpstlichen Laienrates (2007)
Hedwig Conrad-Martius, Philosophin (1958)
Albert Coppenrath, katholischer Pfarrer
Fritz Corterier, Politiker (SPD) (1968)
Johann Cramer, Politiker (SPD) (1968)

D

Heinz Dabelow, Politiker (1998)
Gustav Dahrendorf, Konsumgenossenschafter und SPD-Politiker (1954)
Karl Otto Dehnert, Politiker in Wuppertal (1984)
Heinz-Horst Deichmann, Unternehmer (2000)
Peter Demetz, Literaturwissenschaftler (1984)

Johann Josef Demmel, Bischof der Altkatholischen Kirche (1955)
Harro Dicks, Opernregisseur (1992)
Erika Dienstl, Sportfunktionärin (1996)
Carsten Diercks, Fernsehjournalist und -techniker (1985)
Karl Diller, Politiker (1987)
Stefan Dittrich, Politiker (CSU) (1968)
Otto Dix, Künstler (1959)
Carl Djerassi, Chemiker und Schriftsteller (2003)
Peter Dörfler, Priester, Kinderheimleiter, Schriftsteller (1953)
Willi Döring, Politiker (CDU)
Günter Dörner, Endokrinologe, Sexualwissenschaftler (2002)
Hansjürgen Doss, Architekt (2007)
Hans Heinrich Driftmann, Unternehmer (2013)
Joachim Dudeck, Medizininformatiker (2004)
Hans-Peter Dürr, Atomphysiker, Träger des Alternativen Nobelpreises (2004)

E

Fritz Eichbauer, Bauunternehmer (1993)
Otto K. Eitel, deutschstämmiger Hotelmanager in Chicago (1953)
Norbert Elias, deutsch-jüdischer Soziologe, Philosoph und Dichter (1986)
José Luís Encarnação, Informatiker (2006)
Engelbert Engel, katholischer Priester (1960)
Wolf von Engelhardt, Geologe und Mineraloge (1985)
Heinz Erhardt, Entertainer und Komiker (1979)
Gerhard Ertl, Physiker, Nobelpreisträger für Chemie (1992)

F

Georg Fahrbach, langjähriger Vorsitzender des Schwäbischen Albvereins (1959)
Joseph Fassbender, Maler und Graphiker (1964)
Giora Feidman, Klarinettist (2001)
Ludwig E. Feinendegen, Strahlenmediziner (1994)
Joseph Ferche, Weihbischof von Breslau und Köln (1958)
Norbert Fischer, Jurist, Vorstandsmitglied der WestLBF (1993)
Eugen Flegler, Hochschullehrer und Universitätsrektor (1977)
Noah Flug, Präsident Internationales Auschwitz Komitee (2006)
Elisabeth Flickenschildt, Bühnen- und Filmschauspielerin (1975)
Friedrich Förster, Physiker (1976)
Hippolyt Poschinger von Frauenau, Unternehmer und Politiker (1968)
Albert H. Friedlander, Rabbiner (1993)
Johannes Frömming, Trabrennsportler (1972)
Franklin Clark Fry, lutherischer Theologe (1953)

G

Lothar Gaa, Landtagspräsident von Baden-Württemberg (1981)
Hans Wilhelm Gäb, Kommunikationsberater, Ehrenpräsident des Deutschen Tischtennisbundes (2006)
Gerhard Gaul, Politiker (1972)
Georg Gaßmann, OB der Stadt Marburg (1972)
Karl Geiler, Politiker und Hochschullehrer (1952)
Ingeborg Geisendörfer, Politikerin (CSU) (1968)
Wolfgang von Geldern, Politiker (CDU) und Jurist (1990)
Manfred Gentz, Industriemanager (2002)
Arthur Georgi, Verlagsbuchhändler und Verleger (1957)
Rudolf Georgi, Verlagsbuchhändler und Verleger (1954)
Ernst Geprägs, Landwirt, Verbandsfunktionär und Politiker (CDU) (1997)
Rudolf-Christoph Freiherr von Gersdorff, Generalmajor, Gründungspräsident der Johanniter-Unfall-Hilfe (1979)
Ralph Giordano, Autor (2009)
Helmuth von Glasenapp, Indologe und Religionswissenschaftler (1961)
Michael Glos, Politiker (CSU) (1996)
Ernst O. Göbel, Physiker (2010)
Reinhard Goerdeler, Rechtsanwalt, Wirtschaftsprüfer (1994)
Rose Götte, Politikerin (1987)
Bernhard Grzimek, Zoologe und Tierfilmer (1969)
Wilhelm Groth, Chemiker, physikalische chemi (1970)
Franz Grave, emeritierter Weihbischof in Essen (2010)
Claus Grimm, Vizepräsident des Bundesfinanzhofs (1990)
Hannelore Greve, Unternehmerin (2008)
Siegfried Großmann, Physiker, Mitbegründer der Chaostheorie (1996)
Erich Gutenberg, Wirtschaftswissenschaftler (1968)

H

Karl-Otto Habermehl, Arzt und Virologe (1996)
Otto von Habsburg, deutsch-österreichischer Politiker (1987)
Klaus Hackert, Handwerksfunktionär und Kommunalpolitiker (2005)
Max Hagemann, Präsident des Bundeskriminalamtes (1952)
Karl Hahn, Politiker (CDU) (1968)
Werner Hahn, Politiker (CDU) (1982)
Oron J. Hale, US-amerikanischer Historiker (1969)
Gail Halvorsen, Pilot der US Air Force (Berliner Luftbrücke) (1974)
Oscar Hanke, Landrat (1970)
Franz Hartnagel, Politiker (CDU) und Landrat (1985)
Otto Eduard Hasse, Schauspieler, Regisseur und Synchronsprecher (1974)
Friedrich Haux, Fabrikant und Politiker (1952)
Gustav Haydn, Schneider und Verbandsfunktionär (1966)
Hermann Hecht, Schiffahrtsunternehmer (1956)

Erich Heckel, Maler (1956)
Johannes Freiherr Heereman, Jurist und Malteser (2008)
Hans Hege, Landwirt (1960)
Lothar Heffter, Mathematiker (1957)
Gerhard Heilfurth, Volkskundler (1959)
Walter Heinemeyer, Historiker (1983)
Gotthilf Hempel, Meeresbiologe (1993)
Wilhelm Henke, Theologe (1958)
Werner Hennig, Jurist und Richter (1968)
Dieter Henrich, Jurist (2003)
Dietrich Henschler, Toxikologe (1975)
Hans Werner Henze, Komponist (2008)
Josef Herberger, Fußballtrainer (1967)
Reinhard Herbig, Klassischer Archäologe (1958)
Heinrich Hermelink, Kirchenhistoriker (1953)
Hans Hertlein, Architekt (1957)
Karl Maria Hettlage, Rechts- und Finanzwissenschaftler, Politiker (1967)
Werner Heuser, Maler (1955)
Regine Hildebrandt, Politikerin (SPD) (2001)
Karl Hofer, Maler (1953)
Werner Höfer, Journalist (1973)
Hans Hoffmann, OB von Heilbronn (SPD) (1983)
Hilmar Hoffmann, Kulturdezernent (1990)
Antonius Hofmann, 82. Bischof von Passau (1979)
Otto Höhne, Sportfunktionär (2001)
Thomas Holtzmann, Schauspieler (2009)
Hermann Honnef, Bauingenieur, Erfinder, Windkraftpionier (1952)
Dietmar Hopp, Unternehmer (2010)
Karl Hoppe, Germanist und Hochschullehrer (1968)
Karl Horn, Oberbürgermeister von Bad Homburg (CDU) (1958)
Diether Hummel, Präsident des Verbands Deutscher Sektkellereien (1969)
Friedrich Hund, Physiker (1965)
Hanns Dieter Hüsch, Kabarettist (1998)

I

Joseph Illerhaus, Politiker (CDU) und Verbandsfunktionär
Leo Imhoff, Gastronom und Verbandsfunktionär (1987)
Roland Issen, Politiker (SPD) und Gewerkschafter (1994)
Otmar Issing, Ökonom, Direktorium der Europäischen Zentralbank (2006)

J

Walter Jacob, Präsident des Abraham Geiger Kollegs (1998)
Werner Jacobi, Politiker (1968)
Alfred Jahn, Kinderchirurg (2009)

Johann Janßen, OB von Wilhelmshaven (1970)
Hans-Heinrich Jescheck, Jurist (1984)
Paul Jostock, Statistisches Landesamt Baden-Württemberg (1962)
Gottfried Jungmichel, Politiker (1972)
Erwin Jürgens, Politiker (CDU) (1967)

K

Hugo Karpf, Politiker (1965)
Margot Käßmann, Landesbischöfin (2008)
Rudolf Kassel, klassischer Philologe (2003)
Walter Kempowski, Schriftsteller (1996)
Gerhard Kessler, Wirtschafts- und Sozialwissenschaftler (1953)
Gottfried Kiesow, Deutsche Stiftung Denkmalschutz (2000)
Hans Kindermann, Bildhauer und Hochschulrektor (1978)
Theodor Klauser, katholischer Theologe, Wissenschaftsorganisator (1954)
Josef Kleffner, Politiker (CDU) (1963)
Herbert Kleinherne, Bergingenieur
Helmut Klotz, Opernsänger und Chorleiter (2005)
Alexander Kluge, Autor und Filmemacher (2007)
Wolfgang Klüpfel, Sparkassenmanager (1984)
Nikolaus Knauf, Honorarkonsul (2007)
Arnold Knoblauch, Architekt (1953)
Charlotte Knobloch, Präsidentin der Israelitischen Kultusgemeinde (2008)
Karl-Heinz Koch, Politiker (1989)
Willi Koch, Politiker (1965)
Wilhelm Köhler, Unternehmer
Willy Könen, Politiker (SPD) (1968)
Otto Konz, Wasserbauingenieur (1951)
Bernhard Kötting, katholischer Theologe, Wissenschaftsfunktionär (1980)
Viktor de Kowa, Theater- und Filmschauspieler (1972)
Albert Krebs, Justizbeamter (1965)
Ernst Kretschmer, Psychiater (1958)
Anastassios Kriekoukis, Diplomat
Herbert Krimm, Theologe (1976)
Hardy Krüger, Filmschauspieler und Schriftsteller (2009)
Friedrich Kühn, Politiker (CDU) (1968)
Walter Künneth, lutherischer Theologe (1966)
Reiner Kunze, Schriftsteller (1993)
Georg Kurlbaum, Politiker (SPD) (1968)

L

Friedrich Lademann, Straßenbahningenieur (1955)
Manfred Lahnstein, Politiker (2007)
Wolfram Langer, Ökonom (1969)

Ilse Langner, Schriftstellerin (1981)
Ronald Lauder, US-amerikanischer Unternehmer, Präsident des Jüdischen Weltkongresses (2015)
Ernst Lechner, Politiker, Vater des Fränkischen Seenlandes
Karl Kardinal Lehmann, Bischof von Mainz, Vorsitzender der deutschen Bischofskonferenz (1988)
Klaus-Dieter Lehmann, Präsident des Goethe-Instituts (2011)
Berthold Leibinger, Erfinder, Unternehmer, Mäzen (2007)
Lotte Lemke, Fürsorgerin und Vorsitzende der Arbeiterwohlfahrt (1963)
Hans Lenk, Philosoph und Ruderer (2005)
Karl Magnus Graf Leutrum von Ertingen, Landwirt und Politiker (2008)
Hans Liebherr, Maurermeister, Erfinder, Unternehmensgründer (1986)
Gotthilf Link, Landwirt und Politiker (1988)
Hanns-Gero von Lindeiner, Forstmann, Jäger, Diplomat und Politiker
Fritz Lindner, Biochemiker (1967)
Maria Lipp, Chemikerin (1962)
Wilfried Lochte, Diplom-Ingenieur (2006)
Steffen Lorenz, Manager und IHK-Vorsitzender (1992)
Gerhard Löwenstein, Arzt (1980)
Heinrich Lübke, Politiker (1957)
Marie Elisabeth Lüders, Politikerin (1952)
Irene Ludwig, Mäzenin (1992)
Werner Ludwig, OB von Ludwigshafen (1990)
Otto Lummitzsch, Gründer der Bundesanstalt Technisches Hilfswerk (1955)
Arno Lustiger, Historiker (2009)

M

Albrecht Magen, Kommunalpolitiker (2004)
Franz Magnis-Suseno, katholischer Theologe (2001)
Karl Mailänder, Beamter der Wohlfahrtspflege (1960)
Ernst Majonica, Politiker (CDU) (1968)
Siegfried Mampel, Jurist (1983)
Kurt Mantel, Forstwissenschaftler (1970)
Konrad Manthey, Generalmajor (1988)
Andrei Marga, rumänischer Politiker (2003)
Eugen Theodor Martin, Unternehmer und Stifter (2007)
Siegfried Maruhn, Journalist (1975)
Siegfried Matthus, Komponist (2015)
Alexander Matting, Ingenieur, Hochschullehrer (1968)
Kurt Mattick, Politiker (SPD) (1968)
Helmut Maucher, Manager (1988)
Agnes Katharina Maxsein, Politikerin (CDU) (1968)
Heinrich G. Merkel, Zeitungs- und Buchverleger (1964)
Volker ter Meulen, Mediziner (2008)

Reinhard Metz, Bürgerschaftspräsident in Bremen (1999)
Hans Joachim Meyer, Politiker (2005)
Hugo Meyer-Delius, Kinderarzt (1962)
Herta Meyer-Riekenberg, Gewerkschafterin (1971)
Robert Minder, französischer Literaturwissenschaftler (1962)
Ludger Mintrop, Geophysiker (1955)
Willy Minz, Ökonom (1967)
Ladislao Mittner, italienischer Germanist (1957)
Liz Mohn, Verlegerin (2010)
Heinz Mohnen, Jurist und Oberstadtdirektor von Köln
Robert Mohrhoff, Leiter der niedersächsischen Staatskanzlei
Wolfgang A. Mommsen, Historiker, Bundesarchiv Koblenz (1972)
Hans-Jürgen Moog, Kommunalpolitiker (2003)
Eberhard Müller, Direktor der Evangelischen Akademie Bad Boll (1971)
Heinrich Müller, Politiker (SPD)
Nikolaus Müller, OB der Stadt Augsburg (1956)
Werner Müller, Politiker (2010)
Maximilian Müller-Jabusch, Journalist, Schriftsteller (1954)
Karl Münchinger, Dirigent (1955)

N

Estrongo Nachama, Oberkantor der Jüdischen Gemeinde zu Berlin (1995)
Max Näder, Unternehmer (1970)
Hartmut Nassauer, Politiker (2006)
John Neumeier, Choreograf (2011)
Ernst Niermann, Militärgeneralvikar des Deutschen Miltärordinariats (1995)
Elisabeth Noelle-Neumann, Meinungsforscherin (1976)
Leo Nowak, Altbischof von Magdeburg (2007)
Friedrich Nowottny, Journalist (1986)
Robert Nünighoff, Direktor, Präsident der IHK Wetzlar (1968)

O

Dietrich Oppenberg, Verleger (1977)
Oscar Orth, Arzt (1957)

P

Rüdiger von Pachelbel, Diplomat
Rudi-Karl Pahnke, Theologe (2010)
Pietro Parolin, italienischer Erzbischof und vatikanischer Diplomat (2009)
Joseph Pascher, Berater beim Zweiten Vatikanischen Konzil
Friedrich Pauwels, Orthopäde und Biomechaniker (1962)
Alfred Petersen, Bischof für den Sprengel Schleswig (1978)
Filippos Petsalnikos, griechischer Politiker (2009)
Herbert Petzold, Jurust (2002)

Nikolaus Pevsner, Kunsthistoriker (1967)
Sigrid Peyerimhoff, Chemikerin (2008)
Kurt Pfeiffer, Initiator des Karlspreises der Stadt Aachen (1981)
Rudolf Pichlmayr, Transplantationsmediziner (1995)
Edmund Piszcz, Alterzbischof von Ermland (2004)
Wilhelm Pitz, Chorleiter und Dirigent (1967)
Franz Pöggeler, Pädagoge und Hochschullehrer (1986)
Max Pohlenz, klassischer Philologe (1955)
Paul-Günter Pötz, Ministerialdirigent (1988)
Alfred Prang (1887–1967), Ministerialbeamter (1957)
Hermann Prey, Bariton (1981)
Marian Przykucki, Erzbischof von Stettin (2006)
Hans Puvogel, Politiker (1973)

Q
Johanna Quandt, Industriellengattin (2009)
Thomas Quasthoff, Sänger (Bassbariton) (2005)

R
Franz Radziwill, Maler (1971)
Elgar von Randow, Diplomat (1968)
Alfred Rauch, Ingenieur und Politiker (1963)
Dietrich Rauschning, Rechts- und Staatswissenschaftler (2006)
Aribert Reimann, Tarp, Ehrenamt Behindertenhilfe (2004)
Georg Ress, Hochschullehrer (2008)
Eva Gabriele Reichmann, Historikerin (1983)
Hans Reinauer, Mediziner (2004)
Edgar Reitz, Filmregisseur (2006)
Stefie Restle, Politikerin (1967)
Franz Riemer, Priester (1953)
Fritz Rettig, Gewerkschafter (1966)
Gustav Rheinberger, Unternehmer (1954)
Wilhelm Rieger, Ökonom (1957)
Fritz Ries, Industrieller (1967)
Ernst Theodor Rietschel, Chemiker (2010)
Günter Rinsche, Politiker (CDU) (1999)
Gerhard A. Ritter, Historiker (2008)
Rudi Rohlmann, Politiker (1982)
Wilhelm Rohwedder, Politiker (1964)
Otto Rombach, Schriftsteller und Journalist (1964)
Walter Rösch, Jurist (1969)
Josef Rösing, Politiker (CDU) (1968)
Georg Rückert, Gründer des Collegium Augustinum (1974)
Josef Rudnick, Unternehmer und Politiker (1993)

Heinz Rühmann, Schauspieler (1966)
Reinhard Rürup, Historiker (2010)
Jürgen Rüttgers, Politiker (CDU) (1997)

S

Horst von Sanden, Mathematiker, Hochschullehrer (1957)
Gerd Sandstede, Chemiker (2005)
Fritz Sänger, Journalist und Politiker (1969)
Dieter Schäfer, Historiker (2002)
Hans Schaefer, Mediziner (1975)
Arthur Scharmann, Physiker (1993)
Fritz W. Scharpf, Rechts- und Politikwissenschaftler (2004)
Wolfgang Schäuble, Politiker (CDU) (1991)
Harald Schering, Physiker (1957)
Otto Schily, Rechtsanwalt, Politiker (2004)
Annemarie Schimmel, Islamwissenschaftlerin (1989)
Nora Schimming-Chase, Politikerin (1997)
Otto Schlenzka, Sportfunktionär (1984)
Willy Schleunung, Bayerischer Senator (1982)
Anton Schlüter (Unternehmer) (1987)
Max Schmeling, Boxer (1971)
Heinrich Schmidhuber, MdL, Präsident des Bayerischen Sparkassen- und Giroverbandes (2007)
Peter Schmidhuber, Politiker (CSU), EU-Kommissar (1982)
August Schmid-Lindner, Komponist, Hochschullehrer (1953)
Albrecht Schmidt, Jurist und Bankmanager (2000)
Gerhard Schmidt, Stifter (2007)
Guido Schmidt, Richter am Bundesgerichtshof (1958)
Konrad Schmidt-Torner, Präsident der Bundesdruckerei (1972)
Karl Schmitt-Walter, Opern- und Liedersänger (1960)
Günter Schmölders, Wirtschaftswissenschaftler (1969)
Karl Schnabel, Politiker (2005)
Hans Karl Schneider, Wirtschaftswissenschaftler (1996)
Wolfgang Schneiderhan, Generalinspekteur der Bundeswehr (2009)
Arno Scholz, Verleger (1964)
Franz Schramm, Politiker (1952)
Ernst Schröder, Gartenarchitekt und Politiker (DVP, FDP) (1953)
Manfred Schubert (Jurist), Verwaltungsjurist (1968)
Wolfgang Schulhoff, Politiker (CDU) (2007)
Rudolf Schulten, Nukleartechnologe (1989)
Erich Schulze, Vorstand der GEMA (1978)
Johannes Schulze, Theologe, Landessuperintendent (1968)
Hubert Schulze-Pellengahr, Politiker, MdB (CDU) und Landrat (1969)

Georg Schumann, Dirigent, erster Träger des Großen Verdienstkreuzes (1951)
Annemarie Schuster, Politikerin (CDU)
Max Schwarz, Politiker (SPD), MdL Niedersachsen (1969)
Fritz Schwerdtfeger, Forstwissenschaftler und Zoologe (1971)
Richard Sedlmaier, Kunsthistoriker, Hochschullehrer (1958)
Uwe Seeler, Fußballspieler (1970)
Kurt Seelmann, Unternehmer (2008)
Hinrich Seidel, Präsident der Universität Hannover (1990)
Ludwig Seiterich, Landrat (1968)
Elisabeth Selbert, Politikerin und Juristin (1958)
Josef Siedler, Politiker (1975)
Michael Siegel, Rechtsanwalt (1971)
Johann Sierks, Gewerkschafter und Politiker (1980)
Siegfried Sorge, Politiker (SPD, FWG) und Landrat (1990)
Ernst Speer, Psychiater (1959)
Karlheinz Spielmann, Jurist und Bürgeranwalt (1979)
Günter Spielmeyer, Richter am Bundessozialgericht (1991)
Hermann Josef Spital, em. Bischof von Trier (1991)
Adolf Spotka, Präsident des Landtages (2007)
Bernhard Sprengel, Schokoladenfabrikant (1959)
Klaus Staeck, Plakatkünstler (2007)
Hans-Georg Stemann, Inspekteur der Bundeswehr (1971)
David Stetter, Politiker (SPD), Gewerkschaftsführer (1952)
Martin Storz, Landwirt, Verwaltungsbeamter und Politiker (1966)
Gustav Stratil-Sauer, österreichischer Geograph (1964)
Georg Strickrodt, Politiker (1978)
Hinrich Struve, Feuerwehrverbandsfunktionär (1994)
Georg Sturmowski, Politiker (CDU) (1990)
Michael Succow, Biologe und Agrarwissenschaftler (2015)
Herbert Sulzbach, Kulturoffizier im Offizierslager Featherstone
Ulf Sundberg, schwedischer Forstwissenschaftler (1974)
Walther Sundermeyer, Verwaltungsjurist (1965)

T

Gustav Tauber, Apotheker (1968)
Jürgen Thee, Politiker (1968)
Josef Thesing, Politiker (2008)
Claus Thierschmann, Generalleutnant der Bundeswehr
Rudolf Titzck, Politiker (1976)
Ernst Toch, Komponist (1958)
Klaus Töpfer, Politiker (1990)
Heinrich Traublinger, Präsident der Handwerkskammer, MdL (2007)
Thomas Treu, Sanitätschef des Österreichischen Bundesheeres (2009)
Hellmut Trute, Wirtschaftsjurist

U

Siegfried Unseld, Verleger (1993)

V

Caterina Valente, Sängerin und Schauspielerin (1986)
Bruno Valentin, Orthopäde und Hochschullehrer (1965)
Josephus Joannes Maria van der Ven, niederländischer Jurist (1976)
Miloslav Vlk, tschechischer Geistlicher, Erzbischof von Prag (1999)
August Vochtel, Lokomotivführer (1953)
Wolfgang Voelkner, Ingenieur und Hochschullehrer (2005)
Günter Vogelsang, Industriemanager und Unternehmensberater (1989)
Antje Vollmer, Politikerin (2005)

W

Bernhard Wachowsky, Seelsorger (1966)
Joseph Wagenbach, Politiker (CDU) (1963)
Georg Wagner, Geologe und Hochschullehrer
Ruth Wagner, Politikerin (FDP) (2006)
Valentin Wallauer, Politiker (FDP) (1962)
Bernhard Walter, Gründer der Stiftung
zum Wiederaufbau der Dresdner Frauenkirche (2007)
Fritz Walter, Fußballspieler (1970)
Max Wartemann, Politiker (1971)
Helene Weber, Politikerin (Zentrum, CDU) (1956)
Wilhelm Weber, OB von Hannover (1954)
Ernst Weisenfeld, Journalist (2004)
Richard von Weizsäcker, Politiker (1975)
Ernst Ulrich von Weizsäcker, Umweltwissenschaftler und -politiker (2009)
Herbert Welling, Physiker (2010)
August Wenzel, Fußballfunktionär (1982)
Herbert Werner, Politiker (CDU) (2007)
Hilde Westrick, Medizinerin (1969)
Heinrich Wiesen, OLG-Präsident Düsseldorf (1993)
Martin Wiesend, Weihbischof von Bamberg (1987)
Thomas Wimmer, Münchner OB von 1948 bis 1960 (1955)
Cuno Winkler, Nuklearmediziner
Richard Winkler, Unternehmer (1959)
Ernst-Ludwig Winnacker, Hochschullehrer, Präsident der Deutschen Forschungsgemeinschaft (2006)
August Winnig, Schriftsteller (1955)
Friedrich Winter, Politiker (SPD) und Landrat (1964)
Albrecht Woeste, Unternehmer und Sportfunktionär (2001)
Gabriele Wohmann, Schriftstellerin (1997)
Heinz Heinrich Anton Wolf, Politiker (CDU)

Notker Wolf, Benediktinerabt (2007)
Hanns Egon Wörlen, Architekt (2007)
Hans-Georg Wormit, Präsident der Stiftung Preußischer Kulturbesitz
Franz Wosnitza, katholischer Priester, engagiert für die deutsch-polnische Versöhnung (1972)
Heinrich Wullenhaupt, Politiker (CDU) (1968)

Y
Yun I-sang, koreanisch-deutscher Komponist (1988)

Z
Peter Zadek, Regisseur (2002)
Manfred Zollner, Unternehmer (2010)
Walter Zuber, Politiker (2005)
Klaus Zumwinkel, Vorstandsvorsitzender der Deutschen Post AG (2001), zurückgegeben (2009)
Georg Zundel, Physiker, Unternehmer und friedenspolitisch engagierter Philanthrop (2003)
Theo Zwanziger, Jurist, Politiker, Sportfunktionär und Präsident des Deutschen Fußballbunds (2012)

Verdienstkreuz 1. Klasse

A

Jürgen Abeler, Kunstsammler (1998)
Hans Abich, Filmproduzent und Rundfunkpublizist (1988)
Hubert Abreß, Staatssekretär (2003)
José Antonio Abreu, venezolanischer Musiker und Volkswirt (2005)
Karl Heinz Abshagen, Germanist (1958)
Ernst Achilles, Feuerwehrexperte (1990)
Lea Ackermann, Ordensschwester (1996)
Götz Adriani, Kunsthistoriker (2008)
Willi Aengevelt, Immobilienmakler (1988)
Ernst-Günter Afting, Biochemiker (2004)
Friedrich Wilhelm Ahnefeld, Anästhesist (1999)
Adolf Ahrens, Unternehmer (1963)
Ferry Ahrlé, Künstler (1985)
Hans Albert, Soziologe (2008)
Alois Albrecht, Generalvikar des Erzbistums Bamberg (2006)
Dieter Albrecht, Historiker
Robert Alexy, Rechtsphilosoph und Staatsrechtslehrer (2010)
Géza Alföldy, Althistoriker (2002)
Hans Günther van Allen, Bürgermeister (2004)
Gerhardt Alleweldt, Weinbauexperte (1982)
Carl Allmann, Landrat (1969)
Wolfgang Altendorf, Schriftsteller (1981)
Curt Altmann, Unternehmer (1953)
Hanns Altmeier, Künstler (1971)
Josef Ambacher, Verbandspräsident
Axel von Ambesser, Autor, Regisseur, Schauspieler (1975)
Heinrich Ambrosius, Politiker (1959)
Carl Amery, Schriftsteller (1987)
Gerd Andres, MdB und Parlamentarischer Staatssekretär (2007)
Peter Aniol, Politiker (1992)
Wolfgang Apel, Tierschützer (2005)
Karl Appelmann, Landtagsabgeordneter, Bürgermeister in Offenbach
Sigrid Arnade, Tierärztin (2010)
Fritz Arens, Denkmalpfleger (1977)
Dietrich Arndt, Mediziner (2007)
Heinz Ludwig Arnold, Publizist (2011)
Hermann Arnold, Fabrikant (1951)
Dietmar Artzinger-Bolten, Präsident des 1. FC Köln (2005)
Jan Assmann, Ägyptologe (2006)
Wolfgang Assmann, Oberbürgermeister a. D. (2010)

Leonore Auerbach, Landtagsabgeordnete, Bürgermeisterin, Lehrerin (1995)
Dietrich Austermann, Politiker (2006)
Monika Auweter-Kurtz, Physikerin und Hochschullehrerin (2006)

B

Kunigunde Bachl, Landtagsabgeordnete (1993)
Rudolf Bachmann, Landtagsabgeordneter (1982)
Hermann Balle, Verleger (2013)
Berthold Bahnsen, Landtagsabgeordneter (1971)
Franz Ballhorn, Widerstandskämpfer
Miguel Barnet, kubanischer Schriftsteller (2004)
Werner Bartels, Industriemanager (1997)
Barbara Bartos-Höppner, Kinderbuchautorin (1999)
Friedrich L. Bauer, Informatikpionier (1982)
Josef Werner Bauer, Landrat des Landkreises Neumarkt in der Oberpfalz
Rudolf Bayer, Informatiker (1999)
Julius Baum, Kunsthistoriker (1952)
Helmut Baumgarten, Wissenschaftler (2003)
Theodor Baums, Jurist (2007)
Gilbert Bécaud, französischer Chansonnier (1973)
Hans Dieter Beck, Verleger (1989)
Franz Becker (Landrat), Politiker (1976)
Jurek Becker, Schriftsteller (1992)
Karl Becker, Politiker (SPD) (1972)
Max Beer, Journalist (1957, zurückgegeben 1958)
Werner Beierwaltes, Philosoph und Hochschullehrer (1998)
Konrad Beikircher, Kabarettist (2012)
Elly Beinhorn, Flugpionierin (1991)
Esther Bejarano, Vorsitzende des Internationalen Auschwitz-Komitees (2008)
Friedrich Bender, Geologe (1984)
Hans Benirschke, Journalist (1991)
Jack O. Bennett, Luftbrückenpilot (1964)
Alain Bensoussan, französischer Mathematiker (2003)
Iris Berben, Schauspielerin (1998)
Dietrich Berg, Arzt
Senta Berger, Schauspielerin (1999)
Christine Bergmann, Politikerin (2011)
Burckhard Bergmann, Manager (2008)
Horst Egon Berkowitz, Rechtsanwalt (1961)
Johann Philipp von Bethmann, Bankier (1991)
Viola von Bethusy-Huc, Politikwissenschaftlerin (2010)
Hans Bierbrauer (»Oskar«), Zeichner, Karikaturist und Maler (1998)
Hans Biller, Konstrukteur und Ingenieur, Spielwarenfabrikant (1962)
Wilhelm Bing, Verleger (2004)

Paul Bispinck, Forstmann (1964)
Karl Oskar Blase, Grafiker (1998)
Walter Bleicker, Unternehmer
Claus Victor Bock, Germanist und Dichter (1984)
Arnold Bode, Begründer der documenta Kassel (1974)
Christian Bode, Generalsekretär des Deutschen Akademischen Austauschdienstes (DAAD) (2013)
Max Hildebert Boehm, Politiker, Soziologe und Publizist (1956)
Horst Bökemeier, MdL Hessen (2007)
Fritz Böhmer, Landrat (1970)
Michael Bohnet, Wirtschaftswissenschaftler (2002)
Otto Friedrich Bollnow, Philosoph und Pädagoge (1983)
Karl Gerhard Bornmann, Polizeioberkommissar (1977)
Ulrich Borsdorf, Historiker (2010)
Knut Borchardt, Wirtschaftshistoriker
Helene Freifrau von Bothmer, Museumskuratorin (1989)
Constantin von Brandenstein-Zeppelin, ehrenamtlicher Präsident des Malteser Hilfsdienstes (2005)
Uwe Brandl, Politiker (CSU), Bürgermeister und Präsident des Bayerischen Gemeindetages (2007)
Horst Brandstätter, Unternehmer (2008)
Henry G. Brandt, Rabbiner Augsburg und Bielefeld, Jüdischer Präsident des Deutschen Koordinierungsrates (2008)
Egidius Braun, Präsident des Deutschen Fußball-Bundes (1985)
Franz Braun, Landrat (CDU) (1965)
Ludwig Georg Braun, Unternehmer (1990)
Artur Brauner, Filmproduzent (1993)
Rudi Brehm, Gewerkschaftsfunktionär (1985)
Pierre Brice, französischer Schauspieler (1992)
Fritz Brickwedde, Generalsekretär DBU (2004)
Fritz Bringmann, Ehrenpräsident der Internationalen Lagergemeinschaft des KZ Neuengamme (2000)
Anneliese Brost, Verlegerin (2008)
Hinrich Brunckhorst, Landrat und Landtagsabgeordneter
Dominik Brunner, Geschäftsmann (posthum 2009)
Manfred Bruns, Bundesanwalt am Bundesgerichtshof (1994)
Ignatz Bubis, Vorsitzender des Zentralrat der Juden in Deutschland (1992)
Eberhard Buchborn, Mediziner und Hochschullehrer
Hans Buchheim, Politikwissenschaftler (1986)
Dorothea Buck, Autorin (1997)
Wilhelm Buddenberg, Landtagsabgeordneter (CDU)
Clémence Budow, Rundfunkpionierin und Politikerin
Hans Buhmann, Politiker (1992)
Hans-Jörg Bullinger, Institutsleiter (2003)

Otto von Bülow, Kapitän zur See
Hubert Burda, Kunsthistoriker und Verleger (1997)
Heinz Burghart, Journalist, Chefredakteur des Bayerischen Rundfunks
Erwin Burkard, Politiker (1984)
Walther Busse von Colbe, Wirtschaftswissenschaftler (2009)
Hellmuth Butenuth, Automobilhersteller (1974)

C

Clemens Cammerer, Verwaltungsjurist (1952)
Rudi Carrell, niederländischer Showmaster (1985)
Edith Carstensen, Lübeck-Hilfe für krebskranke Kinder e. V. (2003)
Bodo Champignon, Politiker (SPD) (2006)
Niels Lund Chrestensen, Manager (2010)
August Claas, Unternehmer (1952)
Lars Clausen, Soziologe (1998)
Helmut Cox, Wirtschaftswissenschaftler (2004)
Tony Cragg, Bildhauer (2012)
Christa Czempiel, Politikerin (1990)

D

Keyvan Dahesch, Journalist (1996)
Heinrich Dammann, deutscher Unternehmer (1980)
Alois Dauenhauer, Politiker (1989)
Wolfgang Dauner, Filmkomponist und Jazzpianist (2005)
Hans-Raimund Deppe, Physiker und Manager (2010)
Udo Derbolowsky, Mediziner (1984)
Hans Derben, Politiker
Jupp Derwall, Fußballspieler und -trainer (1989)
Harro Dicks, Opernregisseur (1981)
Werner D'hein, Journalist (2011)
Friedrich Dieckmann, Schriftsteller (1993)
Wolf Günther Dieffenbach, Sportfunktionär (2003)
Volker Diehl, Internist (2008)
Meta Diestel, Kammersängerin
Anton Dieterich, Autor und Übersetzer (1984)
Claus Dittrich, Unternehmer (2002)
Martin Döscher, Politiker (2012)
Hilde Domin, Lyrikerin des 20. Jahrhunderts, Exilliteratin (1983)
Jakob Dörr, Bürgermeister
Ernst Dossmann, Architekt und Kreisheimatpfleger (2007)
Hans-Alexander Drechsler, Landtagsabgeordneter
George Dreyfus, Komponist (2002)
Berthold Dücker, Journalist (2009)
Joseph Dünnebacke, Politiker (1953)

E

Fritz Ebbert, Manager, Bayerischer Senator (1974)
Hans-Wilhelm Ebeling, Pfarrer (1998)
Günter Ecker, Physiker und Hochschullehrer (2006)
Kurt Edelhagen, Jazzmusiker (1973)
Heinz Eggert, Pastor und Politiker (1992)
Bernd Ehinger, Handwerkskammernpräsident (2010)
Hans Friedrich von Ehrenkrook, Genealoge und Adelsrechtler (1958)
Werner Ehrlicher, Wirtschaftswissenschaftler (1989)
Wolfgang Eichwede, Historiker (2003)
Josef Eilles, Reichsgerichtsrat (1953)
Axel Ekkernkamp, Chirurg und Politiker (2007)
Alexander von Elverfeldt, Land- und Forstwirt, Verbandsfunktionär (1992)
Hans Elsässer, Astronom (1994)
Roland Emmerich, Filmemacher (1998)
José Luís Encarnação, Informatiker (1995)
Albrecht Encke, Mediziner, Präsident der AWMF (2006)
Hinrich Enderlein, Politiker (2006)
Volker Engel, Visual Effects Supervisor und Filmproduzent (1998)
Heiko Engelkes, Journalist (2005)
Rainer Eppelmann, Politiker (1994)
Erland Erdmann, Kardiologe (2006)
Kurt Ernsting, Unternehmer und Mäzen (2008)
Reinhard Erös, Arzt (2006)
Albin Eser, Jurist und Strafrechtswissenschaftler (2004)
Bernhard Everke, Oberbürgermeister (2005)
Walter Eversheim, Maschinenbauingenieur und Hochschullehrer (2009)
Evmenios von Lefke, Bischof (1995)
Karl Eyerkaufer, Sportler und Politiker (2005)

F

Philipp W. Fabry, Historiker (1984)
Brigitte Fassbaender, Sängerin (2001)
Josef Feger, Oberbürgermeister der Stadt Leutkirch im Allgäu
Michael Felke, Unternehmer (1965)
Heinz Fenrich, Oberbürgermeister a.D. von Karlsruhe (2013)
Antal Festetics, Zoologe, Verhaltensforscher und Naturschützer (1998)
Heinrich Festing, Generalpräses des Internationalen Kolpingwerk (1998)
Berndt Feuerbacher, Physiker (2010)
Günther Fielmann, Unternehmer (2000)
Otto Fink, Bürgermeister von Tuttlingen (1959)
Dieter Finzel, Präsident der Rechtsanwaltskammer beim OLG Hamm (2010)
Dirk Fischer, Politiker (CDU) (1994)
Klaus Fischer, Unternehmer (2007)

Werner Fischer, Bürgerrechtler (1995)
Werner Fischer, Goldschmied und Künstler (1999)
Hellmut Fischmeister, Werkstoffwissenschaftler (1997)
Erik Forssman, Kunsthistoriker (1994)
Heinrich Fraenkel, Historiker und Schachkomponist (1967)
Hans Frangenheim, Arzt (1982)
Gerhard Frank, Jurist, Jagdfunktionär und Politiker (1984)
Herbert Franke, Sinologe
Karl Wilhelm Fricke, Stasi-Entführungsopfer und Journalist (2001)
Günter Friedrich, Politiker (CDU)
Andreas Fritsch, Klassischer Philologe und Fachdidaktiker (2013)
Hans Joachim Fröhlich, Forstwissenschaftler (1990)
Gertrud Fussenegger, österreichische Schriftstellerin (1984)
Harald Fuchs, Physiker (2009)
Albert Funk, Apotheker, Prähistoriker und Heimatforscher (1951)

G

Hans Wilhelm Gäb, Ehrenpräsident des Deutschen Tischtennisbundes (1996)
Georg Gänswein, Privatsekretär von Papst Benedikt XVI. (2007)
Gero Gandert, Filmwissenschaftler (2011)
Rolf Gartz, deutscher Biologe und Vorstand der Eduard-Rhein-Stiftung
Paul Gauselmann, Unternehmer (2003)
Gustav Gauthier, Unternehmer (1951)
Horst Geipel, Politiker
Eberhard von Gemmingen, Redaktion von Radio Vatikan (2002)
Ulrich Gensch, Physiker (2011)
David Geringas, Cellist (2006)
Alexander Gerst, Astronaut (2015)
Miep Gies, Helferin von Anne Frank (1994)
Alfred Gille, Politiker (GB/BHE) (1968)
Ralph Giordano, Journalist, Schriftsteller und Regisseur (1990)
Pauline Gistl, Unternehmerin (1957)
Marcel Gleffe, Retter von Utøya (2011)
Fritz Gleibe, Jurist, Politiker und OB der Stadt Chemnitz (1967)
Alfred Gleiss, Rechtsanwalt (1977)
Matthias Gleitze, Oberkreisdirektor des Landkreises Duderstadt (1967)
Paul Gnaier, Fechter und Sportfunktionär (1996)
Jürgen Gohde, Theologe (2004)
Rüdiger Göb, Jurist, Politiker und Beigeordneter der Stadt Köln (1989)
Hartmut Göbel, Neurologe, Psychologe und Schmerztherapeut (2013)
Michael Göring, Vorstandsvorsitzender der *Zeit*-Stiftung (2006)
Horst Görtz, Software-Unternehmer (2009)
Karl Gößwald, Zoologe
Kurt Goldstein, Journalist (2005)

Klaus Gollert, Arzt und Politiker (2008)
Annemarie Gottfried, Gründerin der Eckelshausener Musiktage (2003)
Gerhart von Graevenitz, Rektor der Universität Konstanz (2010)
Anke Gravert, Politikerin (1992)
Hans-Georg Graichen, Generalkonsul der Republik Mali (2005)
Hermann Greiner, Politiker (SPD)
Mathieu Grosch, belgischer Politiker, MdEP (2004)
Ludwig Grosse, Rechtsanwalt (1989)
Amata Grüner, Ordensschwester (1960)
Alexander Grundner-Culemann, Forstmann und Politiker (1959)
Arnold Güttsches, Direktor des Kölner Stadtarchivs (1959)
Rudi Gutendorf, Fußballtrainer (2011)
Gernot Gutmann, Wirtschaftswissenschaftler (2010)

H

August Haag, Gymnasiallehrer und Heimatforscher (1959)
Otto Haag, Weingärtner und Politiker (1970)
Wolfgang Haber, Landschaftsökologe (1986)
Alfred Haas, Ingenieur und Politiker (2006)
Karl-Otto Habermehl, Virologe (1996)
Klaus Hackert, Handwerksfunktionär und Kommunalpolitiker (1994)
Wolf Häfele, Physiker (1982)
Heinrich Hagemann, Politiker (CDU) (1985)
Dietrich Hahlbrock, Unternehmer (1982)
Werner Hahlweg, Militärhistoriker und Militärwissenschaftler (1983)
Marita Haibach, Politikerin (2009)
Simon Halsey, britischer Dirigent und Chorleiter (2010)
Ingeborg Hallstein, Opernsängerin (1996)
Walter Anton Viktor Halstrick, Unternehmer (1956)
Evelyn Hamann, Schauspielerin (1993)
Ernst Hammans, Fabrikant, Oberbürgermeister von Düren (1963)
Theodor Hänsch, Physiker (2006)
Wilhelm Hansen, Museumsdirektor (1971)
Friedrich Hänssler, Theologe, Verleger (2001)
August Hanz, Politiker (CDU)
Joachim Harms, Politiker (1985)
Dietmar Harting, Unternehmer (2009)
Wolfgang Hartung, Jurist (1999)
Peter Hartz, Manager (2002, zurückgegeben 2007)
Karl Hasel, Forstwissenschaftler und Historiker
Alfred Hauser, Kommunalpolitiker (1969)
Hans-Heinrich Hatlapa, Gründer des Wildparks Eekholt (1997)
Herbert Hauffe, Politiker (SPD) (1968)
Bernd Haunfelder, Historiker und Publizist (2011)

Johannes Hauser, Politiker (CDU), Oberbürgermeister von Krefeld (1960)
Otto Häuser, Schriftsteller (2006)
Robert Häusser, Fotograf (1985)
Rudolf Häussler, Unternehmer (1992)
Erich Hauser, Bildhauer (1979)
Pierre van Hauwe, Musikpädagoge, Musiker und Komponist (2001)
Harald Heckmann, Musikwissenschaftler (2000)
Peter Heesen, Gewerkschafter (2012)
Gunder Heimlich, Verwaltungsangestellter (2013)
Heinz-Albert Heindrichs, Komponist und Schriftsteller (2001)
Ursula Heindrichs, Germanistin, Märchenforscherin (1998)
Ulrich Heinrich, Politiker (FDP) (2007)
Katharina Heinroth, Zoologin (1957)
Karl-Heinrich Heitfeld, Ingenieur- und Hydrogeologe (2003)
Rudolf Heitefuß, Phytomediziner (2006)
Horst Hellmann, Rentner (2004)
Walter Hellmich, Fußball-Funktionär und Bauunternehmer (2009)
Johann Anton Hemberger, Bürgermeister von Heusenstamm (1991)
Manfred Hennecke, Materialwissenschaftler (2014)
Jürgen Heraeus, Vorsitzender von UNICEF Deutschland (2000)
Josef Herberger, Fußballtrainer (1962)
Traudl Herrhausen, Politikerin (2010)
Erich Herrmann, Gewerkschaftsfunktionär (1987)
Michael Herrmann, Kultur- und Musikmanager (2014)
Martin Herrenknecht, Unternehmer (2007)
Günter Herlitz, Unternehmer
Ingolf Volker Hertel, Physiker (2004)
Werner Herzog, Regisseur, Produzent und Schauspieler (2012)
Fritz Hesse, Politiker, Oberbürgermeister in Dessau (1956)
Kurt Hessenberg, Komponist (1989)
Roland Hetzer, Herzchirurg (1995)
Rainer Hildebrandt, Gründer des Mauermuseums (1994)
Horst Hilpert, Jurist und Richter (2004)
Eduard Hindelang, Museumsleiter (2010)
Claus Hipp, Unternehmer, Maler, Musiker (1995)
Kozo Hirao, japanischer Germanist (2005)
Candida Höfer, Fotografin (2015)
Christoph Hölzel, Ministerialdirigent (2009)
Manfred Hölzlein, Jurist und Politiker (2011)
Hans Hösl, Politiker (CSU), Oberbürgermeister von Passau (1990)
Klaus-Jürgen Holzapfel, Verleger (2011)
Jan Hoet, Kunsthistoriker und Ausstellungskurator (2009)
Kurt Caesar Hoffmann Vizeadmiral (1965)
Hans Hoffmann, OB von Heilbronn (1980)

Herbert W. Hofmann, Sportfunktionär, Ehrenämter in Worms (1999)
Friedrich Wilhelm von Hohenzollern, Oberhaupt des Hauses
Hans Holtorff, Politiker (1971)
Peter Hommelhoff, Rechtswissenschaftler (2007)
Walter Homolka, Rabbiner und Universitätsprofessor (2014)
Klaus Hopt, Jurist (2009)
Erich Hornsmann, Jurist und Umweltschutzaktivist (1980)
Walter Hostert, Landrat (1987)
Dietmar von Hoyningen-Huene, Hochschullehrer (2007)
Max Huggler, Schweizer Kunsthistoriker (1994)
Young-Sup Huh, Präsident der Deutsch-Koreanischen Gesellschaft
Bertold Hummel, Komponist (1985)
Max Hünninghaus, Bauer und Politiker (FDP) (1960)
Klaus Husemann, Hochschullehrer (1998)
Roland Hüttenrauch, Vorstand der Stiftung Warentest (1988)

I

Georg Iggers, Historiker (2007)
Hermann Ilaender, Politiker und Forst-Verbandsfunktionär (2003)
Ulrich Immenga, Vorsitzender der Monopolkommission (1990)

J

Heinrich Eduard Jacob, Schriftsteller und Journalist (1966)
Werner Jacob, Komponist und Hochschullehrer (2003)
Heinz Jacobsen, Handballfunktionär (2002)
Willi Jäger, Mathematiker (2007)
Alfred Jahn, Kinderarzt und Chirurg (2002)
Hans Edgar Jahn, MdB und MdEP (CDU) (1973)
Horst Jaunich, Politiker (1984)
Helmut Jedele, Präsident der Hochschule für Fernsehen und Film
Reinhold Jende, Unternehmer und Verbandsfunktionär (2004)
Dorothea Jetter, Pädagogin und Präsidentin der ev. Synode Württemberg (2004)
Rudolf Johna, SPD-Landtagsabgeordneter in Schleswig-Holstein (1996)
Valentin Jost, Landrat des Main-Taunus-Kreises
Josef Jochem, Landtagsabgeordneter Saarland, CDU-Fraktionschef (1979)
Klaus Johannis, rumänischer Politiker (2014)
Volker Jung, Manager (2005)
Eberhard Junkersdorf, Filmproduzent und Regisseur (2004)
Heribert Jürgens, Kinderarzt und Onkologe (2013)
Udo Jürgens, österreichischer Sänger, Komponist (1994)
Gerhard Jussenhoven, Kölner Komponist (2002)
Karl Jüsten, Leiter des Kommissariats der Deutschen Bischöfe (2005)

K

Patricia Kaas, französische Sängerin (2003)
Jürgen Kämpgen, Politiker (2004)
Jörg Kaehler, Schauspieler, Regisseur, Theaterleiter und Autor (2012)
Walter Kaesbach, Kunsthistoriker (1959)
Otto Kaiser, Theologe (1990)
Rudolf E. Kaiser, Chemiker (Analytiker) (1996)
Alfred Kamphausen, Kunsthistoriker und Museumsdirektor (1971)
Erhard Kantzenbach, Ökonom
Hugo Karpf, Politiker (1960)
Norbert Kartmann, Politiker (CDU) (2012)
Karl Kast, Politiker (CDU)
Alexander Kaul, Biophysiker (1988)
Ellis Kaut, Schriftstellerin
Franz Josef Kayser, Politiker (CDU) und Verleger (1995)
Hans Keilson, Psychoanalytiker, Schriftsteller (1988)
Edwin Kelm, Vorsitzender der Landsmannschaft der Bessarabiendeutschen (2005)
Herbert Kempfler, MdL (CSU) (2005)
Otto Kentzler, Unternehmer (2009)
Hans-Alwin Ketels, Landwirt und Politiker (CDU) (1982)
Helmut Kewitz, Pharmakologe
Anselm Kiefer, Künstler (2005)
Peter Graf von Kielmansegg, Politikwissenschaftler (2006)
Elisabeth Kieven, Kunsthistorikerin (2014)
Erna Kilkowski, Politikerin (1970)
Hans Kindermann, Jurist (1992)
Walter Kiwit, Oberkreisdirektor des Rhein-Sieg-Kreises (2004)
Waldemar Klein, Fußballtrainer (2004)
Matthias Kleiner, Ingenieur und Hochschullehrer (2011)
Ernst Klenk (Weinbautechniker), Weinbautechniker (1970)
Rüdiger Klessmann, Kunsthistoriker (1991)
Erich Klinge, Jurist (1995)
Clemens Klockner, Hochschullehrer (2008)
Paul Gerhard Klussmann, Germanist (2000)
Niklot Klüßendorf, Historiker, Numismatiker (2007)
Hildegard Knef, Sängerin, Schauspielerin, Autorin (1975)
Joachim H. Knoll, Pädagoge (2005)
Edmund Knorr, Lehrer, Naturschützer und Ornithologe (1965)
Herbert Kober, Unternehmer (2010)
Hermann Koch, Funktionär der Arbeiterwohlfahrt
Konstantin Kohler, Prälat, Domkapitular (2005)
Josef Kohlmaier, Politiker, Altbürgermeister Limburg an der Lahn (1981)
Clemens Konermann, römisch-katholischer Pfarrer (1961)
Robert Knüppel, Generalsekretär der Deutschen Stiftung Denkmalschutz (2006)

Reiner Körfer, Herzchirurg (2009)
Paul Kolb, Politiker (SPD), Landesvorsitzender der AWO Saar (1973)
Manfred Kolbe, Wolfsburg (2010)
Walter Konrad, Jurist und Medienmanager (2005)
Gerhard Konzelmann, Nahostkorrespondent der ARD (1977)
Walter Korn, Landtagsabgeordneter (1990)
Hans-Joachim Kornadt, Psychologe und Erziehungswissenschaftler (2006)
Wolfgang Koschel, Raumfahrtwissenschaftler (2004)
Hermann Köster, Kommunalpolitiker (SPD) (1968)
Thomas Köster, Hauptgeschäftsführer der Handwerkskammer Düsseldorf, Politiker, Wirtschaftswissenschaftler (2000)
Paul Kottwitz, Bergwerksdirektor (1970)
Viktor de Kowa, Theater- und Filmschauspieler (1961)
Hans Kraft, Politiker (SPD) (2004)
Hans-Peter Krämer, Sparkassen-Vorstandsvorsitzender (2006)
Horst Kramp, Manager (1992)
Andreas Kraus, Historiker (1991)
Josef Kreiner, Japanologe (1996)
Margarete Krick, Verlegerin (2011)
Robert Krick, Verleger (2011)
Josef Krieglstein, Mediziner (2004)
Klaus Kriesche, Sondernschulrektor, Politiker (1996)
Hans Kröner, Unternehmer (1988)
Gabriele Krone-Schmalz, Fernsehjournalistin (1997)
Andreas Kruse, Gerontologe (2008)
Willibert Krüger, Unternehmer (2011)
Hans Kubis, Generalleutnant der Bundeswehr
Wilhelm Küchler, Unternehmer und Politiker
Bernhard Kuckelkorn, Bürgermeister
Julius Kunert, Unternehmer (1980)
Topsy Küppers, österreichische Schauspielerin
Thomas Küttler, Superintendent (1995)
Rolf Kurz, Politiker (CDU)

L

Helmut Lachenmann, Komponist (2010)
August Läpple, Unternehmer (1955)
Helmut Läpple, Unternehmer (1990)
Karl Lagerfeld, Modedesigner, Künstler, Photograph (1985)
Lothar Lammers, Miterfinder des Lottospiels 6 aus 49 (1984)
Hans Langendörfer, Sekretär der Deutschen Bischofskonferenz (2008)
Felicia Langer, israelische Rechtsanwältin (2009)
Norbert Langhoff, Ingenieur (2011)
Erich Lejeune, Unternehmer (2007)

Bruno Le Maire, französischer Politiker (2015)
Ferdinand Lentjes, Ingenieur und Unternehmer (1952)
Helmut Lenz, Politiker
Joachim-Felix Leonhard, hessischer Staatssekretär (2004)
Günter Leonhardt, Unternehmer
Hermann Leskien, Generaldirektor der Bayerischen Staatsbibliothek (2007)
Gerd Leuchs, Physiker (2012)
Kurt Leuninger, Bürgermeister (2008)
Wilhelm Leutzbach, Verkehrswissenschaftler (2003)
Carl August Lieberich, Hauptverband Deutsche Holzindustrie (1963)
Rolf Lieberwirth, Jurist (2010)
Hans Lilie, Jurist (2012)
Otto Linck, Förster, Geologe, Naturschützer, Fotograf und Dichter (1957)
Hanns-Gero von Lindeiner, Forstmann, Jäger, Politiker (1968)
Horst Linde, Architekt und Hochschullehrer (1982)
Hans Lindner, Unternehmer (1998)
Walter Link, Politiker und Diakon
Josef Lissner, Radiologe (1988)
Gerd Litfin, Physiker (2011)
Ingeborg Livaditis, Tierrechtlerin (2006)
Walter Lochmüller, Künstler (1979)
Wilfried Lochte, Diplom-Ingenieur (2006)
Ernst Löchelt, Politiker (2010)
Johann Löhn, Ehrenkurator der Steinbeis-Stiftung (2001)
Konrad Loerke, Marineoffizier (1967)
Walther von Loewenich, Kirchenhistoriker und Hochschullehrer (1984)
Alois Konstantin Fürst zu Löwenstein-Wertheim-Rosenberg, Unternehmer (2005)
Gerhard Löwenstein, Arzt (1980)
Richard Lohrmann, Forstmann und Naturschützer (1964)
Martin Lohse, Pharmakologe und Hochschullehrer (2002)
Ludwig Manfred Lommel, Humorist (1956)
Thomas Lorenzen, Politiker (CDU) (1995)
Frank Lortz, Landtagsabgeordneter (2003)
Reinhard Ludewig, Pharmakologe, Toxikologe und Hochschullehrer (2012)
Martin Luley, röm.-katholischer Theologe, Generalvikar im Bistum Mainz
Heinz Lund, Politiker (1978)
Friedrich Lürßen, Unternehmer (2006)
Burkart Lutz, Soziologe und Hochschullehrer (2011)

M

Annemarie Madison, Betreuerin und Pflegerin von AIDS-Kranken (1994)
Peter Maffay, Musiker (2008)
Albrecht Magen, Unternehmer und Kommunalpolitiker (1990)
Heinrich Magirius, Denkmalpfleger (1996)

Kurt Malangré, Oberbürgermeister von Aachen, MdEP (1993)
Maria Imma Mack, Ordensschwester (2005)
Klaus Malettke, Historiker (2007)
Emil Mangelsdorff, Jazzmusiker (2008)
Werner Mansfeld, Wissenschaftler (1998)
Marie-Luise Marjan, Schauspielerin (1998)
Petros Markaris, griechischer Schriftsteller (2014)
Helmut Markwort, Journalist (1999)
Werner Marnette, Industrieller (2005)
Volkert Martens, Politiker (1965)
Marianne Martin, Moderatorin
Jakob Marquardt, Industrieller
Bernhard Marschall, Prälat (1953)
Siegfried Maruhn, Journalist (1974)
Günter Matthes, Journalist (1979)
Siegfried Matthus, Komponist (2000)
Hansgünter Matuschak, Manager und Unternehmensleiter (1987)
Bernd Mayer, Stadthistoriker und Kommunalpolitiker (2011)
Franz Mazura, Sänger und Schauspieler (2010)
Gertrud Meißner, Medizinerin (1960)
Edgar Meister, Bankvorstand (2006)
Detlev Mehlis, Oberstaatsanwalt Berlin (2006)
Hansjörg Melchior, Urologe und Unterstützer der documenta (2009)
Friedhelm Mennekes, Priester und Kunstverständiger (2011)
Ulf Merbold, Astronaut (1984)
Adolf Merckle, Unternehmer (2005)
Meinolf Mertens, Abgeordneter (1981)
Tatiana von Metternich-Winneburg, Mäzenin (1990)
Reinhard Metz, Politiker (CDU), Präsident der Bremischen Bürgerschaft
Alfons Metzger, Verwaltungsjurist (2004)
Marieluise Metzger, Ordensschwester (2009)
Paul Metzger, Kommunalpolitiker (CDU) (2009)
Friedrich von Metzler, Bankier (2003)
Joachim Metzner, Präsident FH-Köln und Hochschulgremienvertreter (2015)
Christa Meves, Therapeutin und Schriftstellerin (1985)
Reinhard Mey, Liedermacher (2001)
Hans Meyer, Mediziner (1953)
Konrad Meyer, Politiker (CDU) (1966)
Gerhard Meyer-Schwickerath, Augenarzt und Hochschullehrer (1981)
Hermann Meyn, Landwirt und Politiker (SPD) (1968)
Lucian O. Meysels, österreichischer Journalist und Sachbuchautor
Walter Michaeli, Ingenieur und Hochschullehrer (2009)
Klaus Michaelis, BfA-Vorstand (2005)
Wolfgang W. Mickel, Politologe (1991)

Norbert Miller, Literatur- und Kunstwissenschaftler (2010)
Milva, Sängerin und Schauspielerin (2006)
Brigitte Mira, Volksschauspielerin und Chanson-Sängerin (1995)
Gernot Mittler, rheinland-pfälzischer Finanzminister (2005)
Jürgen Mlynek, Physiker (2010)
Kjell Åke Modéer, Jurist (2007)
Heinz Mohnen, Jurist und Oberstadtdirektor von Köln
Fritz Mohr Politiker (CDU)
Irene Möllenbeck, Politikerin (2011)
Dietrich Möller, Marburger Oberbürgermeister (2006)
Paul Möller, Politiker (SPD) (1982)
Gerhard Möllhoff, Neurologe, Sozialmediziner und Psychiater
Katharina Mommsen, deutsch-amerikanische Literaturwissenschaftlerin (1985)
Eugen Moufang, Rechtsanwalt (1959)
Joseph Müller-Blattau, Musikwissenschaftler und SA-Mann
Harry Mulisch, niederländischer Schriftsteller (2002)
Erich Mulzer, Gymnasiallehrer, Altstadtfreunde Nürnberg (1993)
Karl Munzel, Jurist und Politiker (CDU) (1975)
Akira Murata, japanischer Unternehmer (1986)
Hans-Georg Musmann, Ingenieur und Hochschullehrer (2008)

N

Estrongo Nachama, Oberkantor der Jüdischen Gemeinde zu Berlin (1987)
Isabella Nadolny, Schriftstellerin (1992)
Clemens Nagel, Präsident der Oberrheinkonferenz (2005)
Hartmut Nassauer, hessischer Politiker (CDU) (1991)
Rosemarie Nave-Herz, Soziologin (2000)
Albin Nees, sächsischer Staatssekretär (2007)
Rüdiger Nehberg, Menschenrechtsaktivist und Survival-Experte (2008)
Hermann Nehlsen, Rechtshistoriker (2010)
Harald Nestroy, Botschafter (2009)
Reimund Neugebauer, Ingenieur und Hochschullehrer (2005)
Wolfram Neumann, Arzt (2004)
Aylâ Neusel, Hochschul- und Frauenpolitikerin (2001)
Wolfgang Niedecken, Sänger (2013)
Dietrich Niethammer, Mediziner (2005)
Erich Nitzling, Kaufmann, Politiker (SPD) (1986)
Walter Georg Nowak, Diplomat (2004)

O

Heinrich Oberreuter, Politikwissenschaftler (2010)
Wilhelm Oberle, Unternehmer und Stifter
Helmut Obst, Religionswissenschaftler (2010)
Wubbo Ockels, niederländischer Raumfahrer und Physiker

Norbert Oellers, Germanist (2010)
Kurt Oeser, Pfarrer (1990)
Heinz Oestergaard, Modeschöpfer (1996)
Heidi Oetinger, Verlegerin (2009)
Rita Öhquist, Übersetzerin (1960)
Horst W. Opaschowski, Zukunftsforscher (2010)
Alfred Freiherr von Oppenheim, Privatbankier
Karl Heinrich Oppenländer, Ökonom (1987)
Frei Otto, Architekt (2006)
Bernhard Oswald, Unternehmer (2009)
Wolfgang Otto, General der Bundeswehr (2009)
Wolfgang Overath, Fußballer, Sportfunktionär (2008)

P

Dieter Paul, Chemiker (2001)
Walter Pehle, Historiker (2007)
Ernst Pein, Unternehmer (1953)
Mieczysław Pemper, Informant für „Schindlers Liste“ (2002)
Erich Penzel, Hornist und Hochschullehrer (2005)
Wilhelm Peßler, Volkskundler (1960)
Gerhard Peters, Kunsthistoriker (1972)
Sigrid Peyerimhoff, Chemikerin (1994)
Kurt Pfeiffer, Initiator des Karlspreises der Stadt Aachen (1954)
Přemysl Pitter, tschechischer Pädagoge (1973)
Klaus Christian Plönzke, IT-Unternehmer (2003)
Mathilde Planck, Hauswirtschaftslehrerin, Politikerin (1951)
Peter Plate, Sänger der Band Rosenstolz (2011)
Matthias Platzeck, Politiker, Ministerpräsident des Landes Brandenburg (1998)
Heinrich Pleticha, Schriftsteller (1986)
Wulff Plinke, Betriebswirtschaftler (2012)
Detlev Ploog, Psychiater
Frank Pobell, Physiker und Wissenschaftsmanager (2004)
Reinhard Pöllath, Jurist und Manager (2009)
Emil Podszus, Physiker (1957)
Rüdiger Pohl, Ökonom (2000)
Rudolf Pohl, Prälat und Kirchenmusiker und Domkapellmeister (2002)
Klaus Erich Pollmann, Hochschullehrer, Rektor der Otto-von-Guericke-Universität Magdeburg (2013)
Reiner Pommerin, Hochschullehrer (2008)
Gerhard Postel, evangelischer Geistlicher (2009)
Carl Pott, Besteckfabrikant und Industriedesigner (1973)
Paul Preuss, Politiker (1965)
Otfried Preußler, Schriftsteller (1993)
Benno Prieß, Buchautor (2005)

Michail Prodan, Forstwissenschaftler (1984)
Dieter Pützhofen, Politiker, Oberbürgermeister Krefeld und MdB (2000)
Hilde Purwin, Journalistin (1970)

Q

Siegfried Quandt, Geschichtsdidaktiker und Hochschullehrer (2006)
Freddy Quinn, österreichischer Sänger und Schauspieler (1984)

R

Werner Radspieler, Weihbischof in Bamberg (1996)
Luise Rainer, Schauspielerin (1985)
Hildegard Ramdohr, Ehrenbürgerin der Stadt Aschersleben (2014)
Hans Gerhard Ramler, Gewerkschaftsfunktionär, Politiker (SPD) (1983)
Georg Ratzinger, Domkapellmeister in Regensburg (1981)
Dietrich Ratzke, Journalist (2005)
Ulrich Raulff, Historiker und Journalist (2013)
Karl Rawer, Physiker
Otto Rehhagel, Fußballspieler, Trainer (2005)
Kurt Rehkopf, Politiker (FDP) und Handwerksfunktionär (2009)
Irmgard Reichhardt, hessische Landwirtschaftsministerin (CDU) (1991)
Aribert Reimann, Ehrenamt Behindertenhilfe (1999)
Günter Reimann, Ökonom (2003)
Hartwig Reimann, Politiker (SPD)
Stephan Reimers, Vertreter der ev. Kirche in Deutschland (2005)
Hans Reinauer, Mediziner und Biochemiker (1999)
Hannes Rehm, Bankier, Vorstandsvorsitzender der NordLB (2003)
Edgar Reitz, Filmemacher (1992)
Michael Reitzel, Politiker (SPD) (1983)
Otto Renkhoff, Archivar und Autor (1974)
Otto Rettenmaier, Unternehmer (2005)
Hermann Reuter, Landes- und Stadtbibliothek Düsseldorf (1957)
Bolko von Richthofen, Prähistoriker (1963)
Hubert Rickelmann, Heimatforscher und Autor (1958)
Hans Riehemann, Landrat (CDU) (1955)
Hans Riegel junior, Unternehmer (1994)
Detlev Riesner, Biophysiker (2005)
Wolf-Dieter Ring, Medienpolitiker (1999)
Eric F. Ross, Unternehmer und Mäzen (2009)
Romani Rose, Vorsitzender des Zentralrats Deutscher Sinti und Roma (2008)
Rüdiger von Rosen, Geschäftsführendes Vorstandsmitglied (2007)
Otto Rosenberg, Politiker (SPD), Vorsitzender des Landesverbandes Berlin-Brandenburg der Deutschen Sinti und Roma (1998)
Volker Röhricht, Bundesrichter (2011)
Nikolaus Rosiny, Architekt (1995)

Georg Rösler, Politiker (CDU) (1987)
Dagmar Roth-Behrendt, Politikerin (SPD) (2009)
Heinz Röthemeier, Politiker (SPD), Bürgermeister der Stadt Minden
Walter Rudolf, Staatssekretär, Landesbeauftragter für den Datenschutz Rheinland-Pfalz (1997)
Eleonore Rudolph, Politikerin (2009)
Sep Ruf Architekt und Städtebauer (1976)
Rudolf Rumetsch, Landrat und Ministerialbeamter in Rheinland-Pfalz
Regina Rusch, Kinderbuchautorin (1998)
Michael Russ, Veranstalter (2005)
AnNa R., Sängerin der Band Rosenstolz (2011)

S

Heinz Sahnen, Politiker (2010)
Carl-Philipp zu Salm-Salm, Chef des Fürstenhauses Salm-Salm (2009)
Hans Sauer, Erfinder (1988)
Friedrich Sauthoff, Ingenieur (1972)
Werner Schaal, Präsident der Philipps-Universität Marburg (2009)
Günter Schade, Kunsthistoriker, Museumsdirektor (2009)
Rudolf Schäfer, Journalist, Historiker und Heimatforscher (1968)
Maria-Elisabeth Schaeffler, Unternehmerin (2001)
Tana Schanzara, Theaterschauspielerin (2008)
Helmut Schatz, Internist, Endokrinologe und Diabetologe (2014)
Ernst Schaude Verwaltungsjurist, Landrat, Regierungsvizepräsident (1971)
Ruth Schaumann, Dichterin, Bildhauerin, Zeichnerin (1959)
Paul-Werner Scheele, emeritierter Bischof von Würzburg (1996)
Karla Schefter, Aufbauhelferin (1993)
Hermann Scheipers, Priester (2012)
Josef Schelb, Komponist (1969)
Harald Schicha, Nuklearmediziner (2011)
Ludwig Schick, Erzbischof von Bamberg (2007)
Erwin Schild, Judaist und Rabbiner (2000)
Robert Schindlbeck, Internist und Standesvertreter (1988)
Oskar Schindler, Unternehmer (1965)
Heinrich Schipperges, Medizinhistoriker (1999)
Herbert Schmalstieg, Oberbürgermeister von Hannover
Franz Schmedt, Journalist (2002)
Günther Schmelzer, Brigadegeneral
Senta Maria Schmid, Choreographin und Tänzerin
Helmut Schmidt, Sportfunktionär (2008)
Karsten Schmidt, Jurist (2006)
Klaus Schmidt (Jurist), Präsident des Landesarbeitsgerichtes RLP (2006)
Klaus Louis Schmidt, Arzt (2007)
Horst Schmidt-Böcking, Physiker (2009)
Henriette Schmidt-Burkhardt, Unternehmerin und Mäzenin (2009)

ans-Werner Sinn, Ökonom (2005)
ilan Sladek, Pantomime, Regisseur, Autor (2000)
ter Sodann, Schauspieler, Regisseur und Theaterintendant (2001)
ul Söding, Physiker (2001)
ge Sollwedel, Politikerin (FDP) und Publizistin (1997)
m Sommerlatte, Hochschullehrer (2005)
mgard Sondergeld, Politikerin (CDU)
anz-Josef Spalthoff, Manager (1984)
ter Spary, Lobbyist (1997)
urens Spethmann, Unternehmer (2005)
ul Spiegel, Vorsitzender des Zentralrat der Juden in Deutschland (1997)
rlheinz Spielmann, Jurist (1973)
org Stadtmüller, Historiker und Byzantinist (1976)
us-Heinrich Standke, Wirtschaftswissenschaftler (1992)
rich Stechele, Politiker (1988)
edrich Stelzner, Chirurg und Hochschullehrer (1993)
ns Gottfried von Stockhausen, Maler (1980)
rlheinz Stockhausen, Komponist (1974)
rbert Stoffels, Abt der Benediktinerabtei Neresheim (1996)
st-Wilhelm Stojan, Politiker (SPD) (1983)
r Stoll, Forstmann und Naturschützer (1996)
hael Stolleis, Jurist und Hochschullehrer (2010)
hard Stollreiter, Chorleiter, Präsident des Chorverbandes Berlin (2006)
nter Strack, Schauspieler (1990)
o-Eckehard Strauer, Kardiologe (2010)
h Strumpf, Abgeordnete des Hessischen Landtags (2005)
Süverkrüp, deutscher Unternehmer (2002)

ter Tautschnig, Direktor der Wiener Sängerknaben (1962)
Tal, Komponist (1985)
z Tetzner, Maler und Grafiker (1999)
Thetter, Chirurg (2007)
arina Thiersch, Denkmalpflegerin (2004)
Thoms, Maler (1977)
m Tibi, Politikwissenschaftler (1995)
er Tokarski, Sportwissenschaftler (2015)
er Trapp, Pädagoge und Verbandsfunktionär (1994)
g Stefan Troller, Dokumentarfilmer und Schriftsteller (2002)
hard Tausch, Psychologe (2002)
im Treusch, Physiker (1997)
Troschke, Theologe und Kirchenstatistiker (1953)
Trouet, Jurist, Deutschen Stiftung Denkmalschutz (2008)
Tschira, Unternehmer (2009)

Wieland Schmied, Kunsthistoriker
Adolf Schmitt (Landschaftsarchitekt) (1973)
Annegrit Schmitt, Landeskonservatorin (2004)
Christiane Schmullius, Geographin und Hochschullehrerin
Peter Schnell, Unternehmer (2009)
Siegmar von Schnurbein, Archäologe (2007)
Peter Scholl-Latour, Journalist und Publizist (2006)
Hans Schomburgk, Afrikaforscher (1956)
Hans Karl Schneider, Wirtschaftswissenschaftler (1970)
Hermann Schneider, Weingärtner (1952)
Hermann Schoenauer, Pfarrer (2008)
Helene Schoettle, Politikerin (SPD) (1983)
Hermann Schoppe, Politiker (CDU) (1995)
Erwin Schopper, Physiker (1984)
Winfried Schrammek, Organist und Musikwissenschaftl
Werner Schreiber, Politiker (2009)
August Schröder, Landesarchivar
Anna Maria Schulte, Sozialaktivistin (1965)
Martin Schulz, Politiker (2006)
Hans-Eugen Schulze, Richter (2012)
Friedrich-Carl Schultze-Rhonhof, Stiftung Schlesien (2
Albrecht Schultz, Manager (1984)
Hermann Josef Schuster, Jurist (2011)
Ekkehard Schumann, Jurist (1988)
Erich Schumann, Verleger (2004)
Jürgen Schumann, Pilot »Landshut« (posthum 1977)
Josef Schürgers, Politiker (1980)
Annemarie Schuster, Politikerin (1970)
Dieter Schütte, Verleger (1992)
Hans Schwalbach, Gewerkschaftsfunktionär und Poli
Gesine Schwan, Politikwissenschaftlerin (1993)
Alice Schwarzer, Journalistin (2005)
Wolfgang Schwark, Hochschulrektor (2009)
Nikolaus Schweickart, Vorsitzender der Altana-Kultu
Rosemarie von Schweitzer, Haushaltswissenschaftleri
Wolfgang Seel, Universitätskanzler (1980)
Max Seither, Politiker SPD (1968)
Ingeborg Seitz, Politikerin (CDU)
Dieter Seitzer, Elektrotechniker (1988)
Jutta Semler, Medizinerin (2005)
Ralph Siegel, Schlagerkomponist und Musikproduz
Hermann Sihler, Rechtsanwalt und Kommunalpoli
Johannes Mario Simmel, Schriftsteller (2005)
Ernst Simons, Religionspädagoge

U

Carl Wolmar Jakob v. Uexküll, Stifter des »Alternativen Nobelpreises« (2009)
Wilhelm Uhlig, Künstler
Klaus Ulbricht, Politiker (2010)
Luise Ullrich, Schauspielerin (1973)
Klaus Ulonska, Leichtathlet, Sportfunktionär und Politiker (2014)
Michael Ungethüm, Unternehmer (2002)

V

Caterina Valente, Sängerin und Schauspielerin (1968)
Rose Valland, Kunsthistorikerin (1972)
Marie Veit, Theologin (2003)
Inge Velte, hessische Landtagsabgeordnete (2007)
Ludwig Vierthaler, Bildhauer (1960)
Helen Vita, Chansonsängerin, Schauspielerin und Kabarettistin (2000)
Jean Pierre Vité, Forstwissenschaftler (1988)
Wolfgang Graf Vitzthum, Rechtswissenschaftler (2007)
Bernhard Vogel, Politiker (1956)
Robert Vogel, Unternehmer und Politiker (FDP), (1994)
Berti Vogts, Fußballtrainer (1996)
Karl-Heinz Vosteen, Mediziner, Ehrenpräsident der AWMF (2006)

W

Emil Wachter, Maler und Bildhauer (1996)
Albrecht Wagner, Physiker (2006)
Erika Wagner, Politiker (1995)
Fritz Wagnerberger, Präsident des Deutschen Skiverbandes
Wolfgang Wahlster, Informatiker (2006)
Friedrich Waldow, Gehörlosenaktivist (1981)
Fritz Walter, Fußballfunktionär (1970)
Hans-Albert Walter, Literaturwissenschaftler (2007)
Josef Weber, Politiker (CDU) (1990)
Kurt Weidemann, Graphikdesigner und Typograph (1996)
Manfred Weinmann, Oberbürgermeister von Heilbronn (1999)
Cornelius Weiss, Chemiker, Hochschullehrer und Politiker (SPD) (1999)
Gerald Weiß, Politiker (2012)
Konrad Weiß, Politiker, Bürgerrechtler, Regisseur (1995)
Arno Wend, Politiker (SPD) und Opfer politischer Verfolgung (1971)
Brunhild Wendel, Politikerin (SPD) (1981)
Eberhard Werdin, Komponist und Musikpädagoge (1986)
Fritz Werner, Kirchenmusiker und Komponist (1973)
Götz Werner, Unternehmer (2008)
Engelbert Westkämper, Ingenieur und Hochschullehrer (2006)
Karl-August Wetjen, Verfahrenstechniker und Industriemanager (1985)

Gerhard Widder, Bürgermeister von Mannheim (2007)
Rüdiger Hermann Wiechers, Bankmanager (2005)
Herbert Wilhelmy, Geograph (1980)
Otto Wiesheu, Vorstand Deutsche Bahn AG (2005)
Rosemarie Wilcken, Politikerin, Bürgermeisterin von Wismar (2010)
Horst Wildemann, Wirtschaftswissenschaftler und Hochschullehrer (2001)
Klaus Wilms, Mediziner und Hochschullehrer (1999)
Bernd Wilz, Politiker (CDU) (1990)
Ignatz Wimmer, Unternehmer (1988)
Heinrich August Winkler, Historiker (2005)
Bernhard Winter, Maler und Grafiker (1956)
Paul Winter, Komponist (1966)
Margret Wintermantel, Sozialpsychologin und Hochschullehrerin (2009)
Arnold Wirtgen, Militärhistoriker
Klaus Wirth, Bundesverband des Deutschen Versandhandels (2002)
Eberhard Witte, Wirtschaftswissenschaftler (1996)
Herta-Maria Witzemann, Innenarchitektin (1985)
Albrecht Woeste, Unternehmer und Sportfunktionär (1992)
Lia Wöhr, Schauspielerin, Regisseurin, Tänzerin, Sängerin (1982)
Gerd Wolf, Physiker und Hochschullehrer (2005)
Heinrich Wolff, Jurist und Politiker (1972)
William Wolff, Rabbiner (2007)

Y

Wolfgang-Ernst Fürst zu Ysenburg und Büdingen, Verbandsfunktionär (2001)

Z

Günter Zabel, Politiker (1991)
Gerhard Zantopp, Politiker
Hermann Zapf, Schriftkünstler, Typograf und Kalligraf (2010)
Bernhard Zeller, Literaturhistoriker und Archivar
Herbert Zeman, österreichischer Literatur- und Sprachwissenschaftler
Gisela Zenz, Rechtswissenschaftlerin und Psychologin (2013)
Walter J. Zielniok, Gründer eines Hilfswerks (1997)
Bernhard Zimmermann, kath. Priester und Gründer eines Hilfswerks (1954)
Eduard Zimmermann, Fernsehmoderator und Sicherheitsexperte (1986)
Stefan Zimmermann, Jurist (2015)
Peter Zink, Gewerkschaftsfunktionär und Politiker (SPD) (1971)
Dietmar Zoedler, Urologe (1982)
Jürgen Zöllner, Politiker (2012)
Ernst-Günther Zumach, Politiker, Oberbürgermeister von Ansbach
Theo Zwanziger, Präsident des Deutschen Fußball-Bundes (2005)
Wolf von Zworowsky, Politiker (1978)